A FÓRMULA DA FELICIDADE
Inspirado em Jerônimo Mendonça

Solicite nosso catálogo completo, com mais de 500 títulos, onde você encontra as melhores opções do bom livro espírita: literatura infantojuvenil, contos, obras biográficas e de autoajuda, mensagens espirituais, romances, estudos doutrinários, obras básicas de Allan Kardec, e mais os esclarecedores cursos e estudos para aplicação no centro espírita – iniciação, mediunidade, reuniões mediúnicas, oratória, desobsessão, fluidos e passes.

E caso não encontre os nossos livros na livraria de sua preferência, solicite o endereço de nosso distribuidor mais próximo de você.

Edição e distribuição

EDITORA EME

Avenida Brigadeiro Faria Lima, 1080 – Vila Fátima
CEP 13369-040 – Capivari-SP
Telefones: (19) 3491-7000 | 3491-5449
Vivo (19) 9 9983-2575 ☺ | Claro (19) 9 9317-2800
vendas@editoraeme.com.br – www.editoraeme.com.br

☉ @editoraeme   f /editoraeme   ▶ editoraemeoficial   𝕏 @EditoraEme

Jamiro dos Santos Filho

A FÓRMULA DA FELICIDADE

Inspirado em Jerônimo Mendonça

Capivari-SP
— 2024 —

© Jamiro dos Santos Filho

Os direitos autorais deste livro são de exclusividade do autor.

A Editora EME mantém o Centro Espírita "Mensagem de Esperança" e patrocina, junto com outras empresas, instituições de atendimento social de Capivari-SP.

8ª reimpressão – maio/2024 – de 7.001 a 8.000 exemplares

Relançamento da obra publicada sob o título *Jerônimo Mendonça e Chico Xavier: a fórmula da felicidade*

CAPA | Thiago Retek Perestrelo
DIAGRAMAÇÃO | Thiago Retek Perestrelo
REVISÃO | Editora EME

Ficha catalográfica

Filho, Jamiro dos Santos, 1955-
    A fórmula da felicidade / Jamiro dos Santos Filho. –
8ª reimp. maio 2024 – Capivari, SP : Editora EME.
    176 p.

    1ª edição : jun. 2011
    ISBN 978-85-7353-464-1

    1 – Literatura espírita. 2 – Fórmula da felicidade.
    3 – Ensinamentos evangélicos. 4 – O sermão da montanha.
    5 – Jerônimo Mendonça

CDD 133.9

Sumário

Prefácio 7

Palavras do autor 9

A partida 13

Um encontro inesperado 21

As palestras 31

O reencontro 39

João Mineiro 45

Jerônimo Mendonça 53

Chegada de Jerônimo 61

Primeiro andar – fraternidade 69

Segundo andar – compaixão 81

Terceiro andar – desprendimento 89

As belezas ocultas 97

Quarto andar – a verdade 105

Quinto andar – perdão 115

Sexto andar – fé 125

Sétimo andar – humildade 137

Quem inspirou Jerônimo? 145

A despedida 153

Corações partidos 165

Biografia de Jerônimo Mendonça 173

Prefácio

FORÇA E DETERMINAÇÃO, CORAGEM E FÉ são alguns dos muitos exemplos vividos pelo inesquecível Jerônimo Mendonça. Sua marcante biografia é roteiro de vivência no bem, apesar da vida paralisada numa cama. Como o leitor poderá constatar nas páginas inspiradas desta nova obra do amigo Jamiro, além da biografia que se encontra nas últimas páginas, a vida de Jerônimo é exemplo marcante para a conquista de patamares de paciência e serenidade.

Além do estímulo forte de sua própria presença física, paralisada nos movimentos, mas vibrante de entusiasmo na nobreza d'alma, Mendonça publicou livros, fundou instituições, viajou pelo país contagiando almas com seu verbo seguro e consolou corações sofridos por todo lugar onde esteve.

Jerônimo Mendonça é dessas almas que precisamos buscar continuamente pela memória, pelo estudo de seus exemplos como roteiro de vida e divulgar a nobreza desses comportamentos para influenciar beneficamente outras almas.

Jamiro, o autor desta nova obra que tenho a honra de prefaciar, é dessas almas que se deixou contagiar pela bondade e grandeza de Jerônimo. Eu que tão bem conheço Jamiro, pelas vivências no movimento espírita, afirmo com segurança e alegria que ele leva Jesus na alma. Sua simplicidade e humildade autorizam-me a falar dele com essa naturalidade, especialmente pelos exemplos pessoais de desprendimento e amor ao próximo demonstrados por esse notável amigo.

E foi o que igualmente aconteceu na presente obra. Jamiro ouviu sobre Jerônimo algo inesquecível, motivação e temática do livro, que deixo ao leitor descobrir nas próximas páginas. Uma história linda de humildade e amor, expressos por personagens tão distintos e incomparáveis como são Chico Xavier e Jerônimo Mendonça.

Deixemos, portanto, que as páginas desta obra falem por si mesmas, da grandeza de seu conteúdo. Meus cumprimentos ao autor por nos trazer tão expressiva contribuição para a serenidade de nossas vidas.

Orson Peter Carrara, expositor e escritor espírita

Palavras do autor

DESDE OS MAIS REMOTOS tempos o homem tem procurado a felicidade. Em todos os lugares, em todas as raças, esse é o seu maior desejo, no entanto quase sempre também é sua grande frustração.

Os poderosos se decepcionam por não conseguirem se apoderar da felicidade, os famosos se frustram ao se verem ainda infelizes apesar da fama, e os ricos se sentem malogrados quando descobrem que seu dinheiro não pode pagar por ela.

Os cientistas se veem impotentes para explicar o que é a felicidade, os filósofos não esclarecem em seus frios argumentos, os teólogos não convencem em suas definições rebuscadas de mistérios, e os ateus são os mais infelizes, pois desejam que os outros pensem como eles, que a felicidade não existe, mesmo vivendo as suas frustrações.

Mas, afinal onde está a felicidade?

A felicidade já foi cantada por centenas de intérpretes

em vários estilos de música. Também foi escrita por autores diversos em todas as partes do mundo. É apresentada na televisão em diversas formas de estilo de vida...

Mas, o que não temos dúvida é de que a felicidade é uma conquista da Alma, algo imponderável em todos os sentidos. Então, como identificá-la, como pegar nas mãos esse talismã cobiçado por todos? Como possuir algo que ninguém vê, não toca, não prende... É complicado, não é mesmo, amigo leitor?

Onde está a felicidade? Por que ela é tão desejada? Será que ela existe mesmo, ou é apenas utopia? Se ela existe, como alcançar, como conquistar para sempre esse talismã que todo mundo deseja?

E por falar em utopia, em 1516 Thomas More, célebre escritor e pensador inglês, escreveu a sua mais famosa obra: *Utopia*. Nesse livro, More conta a história de uma ilha chamada Utopia, encravada no continente europeu e onde existe a sociedade ideal. Lá, conta o autor, todos trabalham, as crianças estudam, o governo é justo, no hospital quase não há doentes, pois todos vivem em uma sociedade onde o respeito é total. Em Utopia todos têm o necessário para sua sobrevivência. Em seu livro, More diz que em Utopia todos são felizes.

Você pode até pensar que a ilha de More seja realmente uma ficção. Afinal, uma sociedade onde todos sejam felizes é algo impossível, diria você. No entanto, acreditamos que um dia poderemos viver em um mundo muito melhor do que hoje vivemos. É só analisar o passado e constataremos que já progredimos muito para alcançar uma sociedade justa e feliz.

Mas, se a sociedade de More está ainda distante, pergunto: Você é feliz? Você gosta de viver? É apaixonado pela vida? Tem sonhos por realizar?

Muitos dizem que a felicidade mora nos palácios ou nas mansões abraçadas por imensos muros e rodeadas de belos jardins. Outros dizem que ela habita luxuosos apartamentos de condomínios fechados e a maior parte, enriquecidos por pratarias e joias caras e com carros importados nas garagens.

Há aqueles que julgam que a felicidade está com os famosos das artes, da música, da televisão ou cinema. Ou que ela faça parte do dia a dia dos atletas mundialmente conhecidos, que aparecem nas capas de revistas e noticiários de jornais.

Este singelo livro foi inspirado em nosso amado Jerônimo Mendonça, o mineiro que ficou conhecido como "O Gigante Deitado". Seu exemplo de aceitação às provas da vida, sua alegria contagiante e sua fé inabalável arrastaram multidões. E a sua voz forte, vibrante e convincente ainda ecoa em muitos corações e hoje certamente encanta aos que estão do outro lado da vida. O amor de Jerônimo Mendonça por Cristo ficou expressado em suas obras na cidade de Ituiutaba, Minas Gerais, em seus cândidos livros, em sua voz que cantava o Evangelho nas palestras pelo Brasil, mas principalmente por sua vida de amor ao próximo.

A fórmula da felicidade foi dada por ele, em palestra no interior da nossa amada terra Minas Gerais, e hoje reproduzimos aqui com a inclusão de outros textos com a intenção de enriquecer o livro. Espero que eu não tenha obscurecido a imagem de tão nobre amigo com minha singela iniciativa em homenageá-lo, pois tenho certeza de que ele, sim, poderia escrever hoje com propriedade o que um dia falou e viveu.

O que posso dizer com sinceridade são duas coisas: primeiro, é que a fórmula da felicidade deixada por Jerônimo existe e que também eu tenho buscado seguir por essa estrada luminosa, tortuosa às vezes. Segundo, você vai se surpreender quando chegar ao final dessas páginas, pois verá onde nosso amado Jerônimo foi buscar a inspiração para compor a fórmula da felicidade.

Finalizo minhas palavras contando um fato: Jerônimo Mendonça havia acabado de dar uma entrevista na televisão. Ele sentia uma dor terrível nos olhos, que até então ainda não haviam sido extirpados. O médico amigo passou-lhe nos olhos um unguento oftálmico que lhe suavizara a dor. Na entrevista, o repórter perguntou ao Jerônimo o que era a felicidade. Ele, com a serenidade que o caracterizava, respondeu: "A felicidade para mim, deitado há tanto tempo nesta cama sem poder me mexer, seria poder virar de lado".

E para você, meu amigo leitor, o que é a felicidade?

O autor

01

A partida

FUI CONVIDADO PARA FAZER algumas palestras no norte de Minas e atendi com muito gosto, afinal tenho viajado muito para o sul e aquela seria ótima oportunidade de ir a lugares que adoro. Gosto muito de cidades pequenas, pouco movimento e onde a vida parece passar devagar.

Costumo dizer que ir a lugares do interior de Minas é correr atrás da saudade, procurar algo que a gente perdeu ou querer rever lugares que um dia nossa alma viu... E eu me vejo feliz, mas ao mesmo tempo melancólico, não sabendo separar se essas visitas me fazem bem ou me causam dores ao coração. Mas, sempre atendo, e na hora da despedida, quando tenho que voltar para casa, paro o carro na saída da cidadezinha e me ponho a olhar pela última vez aquela imagem, como a querer não esquecer o que nunca esqueci...

Quando estou organizando a bagagem para as viagens de palestras, é comum acontecer algo que ainda hoje não encontro explicação. Sinto uma emoção calma que me faz ficar em silêncio e não raro meus olhos ficam marejados. Penso que talvez já tenha andado pelo mundo falando do Evangelho, em outra época, de outra forma, em outro lugar...

Mas, algo me diz que também fico assim porque eu não tenho o que eu mais queria levar: amor. Quando estou partindo para fazer palestras fico pedindo a Jesus para que eu consiga deixar a mensagem que aqueles corações precisam ouvir. E eu sei que o mundo está precisando de amor.

Então, ao arrumar as roupas e tudo que tenho que levar, meu coração me revela: "você fica assim porque não tens o amor necessário para distribuir ao mundo... Você leva palavras bonitas, mas é necessário levar também amor". E aí me vem uma melancolia, e não raro algumas lágrimas... E ali, sozinho, às vezes ouvindo uma música suave, me ponho a prometer a Jesus que vou amar mais, que vou ter mais compaixão por aqueles que caíram, que serei mais paciente com as pessoas. E peço que ele tenha paciência comigo e me dê tempo para que no futuro eu leve na bagagem não somente palavras, mas também os meus sentimentos enobrecidos.

E aí me vem aquele pensamento de que eu posso ter defeitos, viver ansioso e até ficar impaciente de vez em quando, mas que eu não esqueça de que eu posso ser feliz, relativamente feliz nesse mundo ainda tão necessitado de amor. E que apesar de ter tão pouco a oferecer, ainda posso ajudar nosso Mestre a construir um mundo melhor. E assim pensando, continuo a arrumar a minha bagagem...

Nessa jornada, entre as palestras que eu deveria fazer, a mais difícil de organizar foi a que tratava da felicidade.

Sim, consegui ajuntar textos e fatos da vida de pessoas que viveram em várias partes do mundo e que deixaram exemplos de como alcançar a felicidade. Mas, algo me dizia que aquela palestra não estava completa e que faltava o principal, uma fórmula, uma receita fácil e possível de aplicar no dia a dia de todos nós. Mas, fazer o quê? Eu teria que fazer a palestra, mesmo sentindo-a incompleta.

Assim, parti para mais uma jornada. Falar de Jesus é algo precioso demais, é um presente raro que carrego e nem sempre tenho como avaliar essa oportunidade que ele me proporcionou. Sempre penso comigo que preciso viver intensamente cada dia, pois não sabemos o amanhã.

É comum ouvirmos que o tempo está passando muito depressa, e que não estamos aproveitando a vida como poderíamos. Mas, sabe o que faço? Lembro de uma frase de Mário Lago, famoso ator da TV e do teatro brasileiro. Certa vez, ele disse: "Fiz um acordo de coexistência pacífica com o tempo: nem ele me persegue, nem eu fujo dele, um dia a gente se encontra".

É preciso viver bem o nosso tempo... É preciso aproveitar os dias como se não tivéssemos tanto quanto ainda julgamos ter para viver. Vejo a maioria das pessoas jogando fora tantas oportunidades, mesmo sabendo que um dia teremos que partir para um outro mundo. Certa vez perguntaram a Galileu Galilei: "quantos anos você tem? E ele respondeu: talvez 5, 8 ou 10 anos, não sei. E disseram para ele: como você diz ter isso se você já é adulto? E Galileu respondeu: os anos que vivi já não os tenho mais, pois fazem parte do passado. Os anos que tenho realmente são os que ainda me restam e não sei exatamente quantos anos ainda viverei". Sábia resposta, não?

Viajei o dia todo. Percorrendo paisagens bonitas, outras nem tanto, procurei guardar nos olhos e no coração tudo o que mais uma viagem me proporcionava. No final da tarde passei por Belo Horizonte, a linda capital mineira e prossegui em direção ao norte.

No início da noite parei diante de um hotel buscando repouso para o corpo cansado. Após o banho, no hotel mesmo serviram um jantar simples e me recolhi cedo. Peguei o pijama e tive uma surpresa: um bilhetinho dizia: "Nós abrimos uma conta para você, uma conta com Jesus. Quando precisar, pode sacar. Oramos por você. Luci, Marcela e Patrícia". Dormi nas asas da emoção e fui para o outro lado da vida... O sono foi o carro que me conduziu a uma outra dimensão repleta de gente, tanto quanto de cá.

Nessa outra dimensão eu me vi em belo jardim, cujas flores e árvores tinham aspectos tão belos que meus olhos marejaram diante de tal quadro. Eu não saberia explicar de onde vinha um som suave que enchia o ar e embebia a minha alma de emoção. Percebi que não poderia expressar minha visão para o papel. Por mais lindas palavras que buscasse, tinha consciência de que seria inútil traduzir a sensação do que vi, ouvi e senti.

De repente, diante de meus olhos maravilhados, um homem caminhou em minha direção, atravessou o jardim e com um suave sorriso, transmitindo paz no semblante disse: seja bem-vindo, meu filho.

Minha garganta estava travada pela emoção e não consegui articular nenhuma palavra. Fiquei trêmulo por ver que o conhecia, mas não sabia onde o encontrara, nem quando. Ele me convidou a sentar em banco próximo e assim o fizemos. Com suavidade na voz, ele disse:

— Acalme-se, pois temos pouco tempo. Quero dizer-te algo e é importante que guarde tudo que conversarmos. Você tem feito palestras e o acompanho em todas elas. Somos companheiros e estou feliz com nossa singela tarefa de levar a mensagem de Jesus aos corações aflitos. Mas, tenho percebido sua preocupação quando é convidado a falar da felicidade. É isso mesmo, meu filho?

— Sim – consegui responder.

— Quero te alertar que essa viagem será diferente de todas as outras. Você aprenderá a fórmula da felicidade, a fórmula para ser feliz. Esteja atento e poderá solucionar de uma vez por todas esse problema que o aflige.

— Receio não ser tão bom aluno quanto gostaria de ser...

Nesse momento ele sorriu e perguntou:

— Ora, qualquer aluno, desde que se dedique, conseguirá bons resultados. Você já ouviu falar em Demóstenes?

— Não, mas deve ser algum grego.

Diante de minha resposta, ele quase gargalhou. Sorriu descontraído e assim eu ri também. Rimos juntos, até que ele falou:

— Realmente, ele foi um grego que viveu por volta do ano 300 a.C. Vou contar a história de Demóstenes para que você entenda o quanto é fundamental a força de vontade, o querer realizar algo em nossa vida. Ele foi um dos grandes mestres da eloquência no mundo antigo, mas quando jovem experimentava sérias dificuldades com a palavra. Com grande força de vontade, superou limitações que no início de sua carreira o submeteu ao vexame de ser vaiado pelos auditórios onde discursava como advogado. Buscando corrigir graves defeitos de dicção, declamava solitário, intermináveis discursos, retendo seixos na boca, e muitas vezes o fazia à beira-mar para elevar a potência de sua voz. Trancava-se em casa por meses, estudando, trabalhando, aprimorando-se interminavelmente. Com sua persistência adquiriu as virtudes que fizeram dele o mais brilhante orador da Antiguidade. O que você acha?

— Impressionante.

— Tenho certeza de que com dedicação, um dia você poderá se tornar um bom orador. Isto é, se dedicares de verdade.

— Eu vou me dedicar, pode contar com isso.

— Outra coisa igualmente importante, você sabe qual foi o último pedido de Jesus a Pedro, antes de partir para as Esferas Puras?

— Não, não sei.

— Depois da ressurreição, Cristo foi se encontrar com Pedro no Lago de Genesaré, na Galileia. E Jesus perguntou a Pedro:

— Pedro, tu me amas?

— Sim, Mestre, eu o amo.

— Pedro, tu me amas?

— Sim, Mestre, eu o amo.

E pela terceira vez, ele perguntou:

— Pedro, tu me amas?

E nessa hora, Pedro entendeu o motivo pelo qual Jesus o questionara por três vezes, e chorou amargamente. Pedro o negara três vezes, e Jesus queria reforçar o compromisso do apóstolo com a Boa Nova, por isso a pergunta fora feita três vezes. E com lágrimas nos olhos, Pedro respondeu:

— Senhor, tu sabes que o amo.

— Então, Pedro, apascenta as minhas ovelhas.

— Posso dizer a você, meu filho, que Pedro entendeu e atendeu perfeitamente o pedido, pois daquele dia em diante, ele foi o apóstolo pacificador, aquele que levava a calma, a compreensão, a tolerância, o perdão e a união entre todos os cristãos.

Um profundo silêncio reinou entre nós. Eu sabia que o meu amigo deixou a entender que o pedido de Jesus a Pedro servia para mim também. Ele permanecia olhando-me como a esperar minha reação e eu disse, envolvido na emoção:

— Amigo, ajude-me a fazer o que Pedro fez... Eu quero ser alguém que leva a esperança, a paz, a alegria e a vontade de viver em todo lugar.

Meu amigo Espiritual sorriu com serenidade e sua voz suave alcançou meu coração:

— Meu filho, por onde você passar, com quem estiver, apascenta as ovelhas de Jesus Cristo. Ama, confia e serve sem temer. Este é o pedido que faço. Se fizer isso, acredite, quando estiver arrumando a mala para suas palestras, você terá não somente roupas na bagagem, mas também poderá levar seus sentimentos mais puros.

Eu abaixei o olhar, pois não queria revelar minhas fragilidades diante do amigo. Então, ele pousou sua mão suavemente sobre a minha e disse:

— Meu filho, você, como orador deverá levar o amor em sua bagagem. Esse é o principal instrumento que você deverá usar nas exposições, caso contrário suas palavras não entrarão nos corações de quem o ouve.

Ainda de cabeça baixa fui tomado de emoção e minhas lágrimas escorreram pelo rosto. Meu amigo afagou-me em seus ombros e ficou em silêncio, pois nada mais havia a dizer. Assim ficamos por um bons minutos, até que me vi voltando, voltando...

Nessa hora acordei ainda ouvindo suas últimas palavras. Levantei ainda emocionado por tudo que acabara de ouvir. Fui até à janela, abri buscando o ar fresco da madrugada. A noite estava acabando... De repente, ao longe um galo cantou. Alguns segundos passaram e ele cantou novamente. E com meu coração descompassado ouvi o cantar do galo pela terceira vez...

Então eu chorei, assim como Pedro naquela noite em Jerusalém, pois perguntei a mim mesmo quantas vezes já havia negado a Jesus... Agora, pensei comigo mesmo, restava-me ter a coragem para dizer por três vezes, sem abaixar o olhar: Senhor, tu sabes que o amo.

02
Um encontro inesperado

TOMEI MEU CAFÉ DA MANHÃ e parti. Nesse dia mesmo já teria minha primeira das quatro palestras programadas. Foi inevitável lembrar do sonho da noite, do encontro com meu amigo e suas palavras afetuosas. Lembrei de Demóstenes e me comprometi a pesquisar sua vida para saber um pouco mais desse grande orador da Antiguidade. Mas, o importante para mim foi saber de sua dedicação e perseverança. Eu precisava ser assim também, e principalmente viver como meu amigo pediu, amando e servindo ao próximo. E só assim eu teria amor para levar em minha bagagem.

E o canto do galo? Quase pronunciei um pedido de perdão a Jesus pelas quedas, erros e por tantas vezes que o neguei... Reconhecendo minhas fragilidades, acelerei o carro ainda mais como a querer fugir de mim mesmo. As imagens passavam mais depressa, mas as lágrimas permaneciam caindo devagar em meu rosto... Sim, eu o neguei milhares de vezes, mas agora desejava acertar mais, errar menos...

Lembrei-me de uma frase de Confúcio que diz: "A maior glória não é ficar de pé, mas levantar-se cada vez que se cai". Isso confortou meu coração e segui viagem. É preciso reconhecer nossa fragilidade, e penso que Deus sabe muito bem disso, por isso nos entende, nos proporciona oportunidades para ajustar, corrigir, aprender e progredir com o passar do tempo.

Depois do almoço, fiquei descansando em um banco debaixo de algumas árvores em frente ao restaurante na beira da estrada. Olhando cada carro que passava fiquei a meditar naquelas pessoas e em suas vidas, o que cada qual levava consigo naquele momento. Quantas dores conduzidas, quantas lágrimas escondidas, quantos problemas a serem solucionados? No entanto, quantas vitórias, alegrias e sonhos são também conduzidos nesses carros que passam? Cada ser é um universo e tem uma história maravilhosa a ser revelada, contada e exemplificada.

Por que ainda sofremos tanto? Por que a dor, a miséria, as guerras e o ódio ainda predominam nesse mundo tão bonito, que poderia ser um paraíso de paz? Fiquei me perguntando e olhando os carros que passavam, e quase sem perceber, peguei minha agenda, abri ao acaso e li uma mensagem guardada ali há muito tempo, mensagem que ganhei de um jovem que se conduz em uma cadeira de rodas e mora em pequena cidade do interior de São Paulo. Na oportunidade, depois de minha palestra, ele disse-me que conseguiu aceitar sua inevitável condição depois que conheceu a Doutrina Espírita e as explicações das diferenças físicas e intelectuais de cada pessoa. Antes de entregar-me a mensagem ele falou:

"Meu irmão, sua palestra foi linda; já comecei a falar em público e um dia quero falar igual a você; leve essa mensagem e espero que ela te ajude também". Abracei-o com emoção e lhe disse: Carlinhos, eu apenas falo, enquanto você já aprendeu e nos dá o exemplo disso. Então, guardei a mensagem como precioso presente. Ela diz assim:

> Eu pedi a Deus para tirar a minha dor e Deus disse não.
> Não cabe a mim tirá-la, mas a você desistir dela.
> Eu pedi a Deus para me dar paciência e Deus disse não.
> A paciência é um derivado de tribulações e não é doada, é conquistada.
> Eu pedi a Deus para me dar felicidade e Deus disse não.
> Eu lhe dou bênçãos. A felicidade depende de você.
> Eu pedi a Deus para me proteger da dor e Deus disse não.
> O sofrimento lhe separa dos conceitos do mundo e lhe traz mais perto de mim.
> Eu pedi a Deus para fazer meu espírito crescer e Deus disse não.
> Você tem que crescer sozinho, mas eu lhe podarei para que você possa dar frutos.
> Eu pedi a Deus todas as coisas para que eu pudesse gostar da vida e Deus disse não.
> Eu lhe dou a vida para que você possa gostar de todas as coisas.
> Eu pedi a Deus para me ajudar a amar os outros o quanto Ele me ama e Deus disse: Ah, finalmente você captou a ideia.

Fechei a agenda e os olhos e pensei no meu amigo em sua cadeira de rodas. Ele disse que estava começando a falar em público do Evangelho de Jesus... E disse que um dia seria um orador... Lembrei de Demóstenes e imediatamente pensei: em nosso próximo encontro vou contar ao meu amigo Carlinhos sobre o grande orador da Antiguidade.

Peguei o carro e segui viagem. Estava calor e parei em uma pequena cidade para comprar água. O lugar era pequeno, não tinha supermercado e era como aqueles lugares abandonados, esquecidos de Deus e com um jeito de saudade. Casas e prédios antigos davam à cidadezinha a aparência dos tempos da escravidão. Entrei no armazém, comprei a água e vi dois bancos de madeira na porta. Em um deles estava um senhor idoso com óculos escuros e um cajado entre as mãos. Percebi que era cego. Sentei para descansar um pouco e tomar a água. Para puxar conversa, falei com ele:

— Está quente, vovô.

Ele sorriu e respondeu:

— Nem tanto, meu filho. Para nós que moramos aqui está normal, mas quem vem de longe pode estranhar.

— Como sabe que venho de longe?

Ele sorriu sem que eu pudesse ver seus olhos e algo enigmático disse:

— Tenho meus informantes na entrada da cidade – e gargalhou gostosamente.

Eu também sorri e fiquei mais à vontade perto dele. Enquanto bebia a água, notei que ele não olhava em minha direção, mas parecia sentir as coisas no ar... Então, perguntei:

— O senhor mora aqui há muito tempo?

— Ihhhhhh... tem muitos anos, meu filho. Não conheço outros lugares, porque nunca saí daqui não. Meus pés nunca me levaram pelas estradas do mundo... Sou um matuto antigo que não conhece nada além de nossas casinhas, nossos cães e gatos, bois e cavalos, além dos passarinhos que cantam em nossas árvores.

— Que pena, pois o mundo modificou bastante nos últimos tempos e tenho certeza de que o senhor poderia aprender muito se andasse por aí. Há carros bonitos, aviões, computadores e telefone sem fio. O homem fez coisas que até Deus duvida – eu disse sorrindo, para descontrair.

Ele gargalhou gostoso e bateu algumas vezes com o cajado no chão enquanto ria, como a demonstrar ainda mais sua alegria. Depois de rir bastante, ele olhou em minha direção pela primeira vez e disse, ainda sorrindo:

— É, meu filho, você tem razão. Nesse mundo moderno tem coisas que até mesmo Deus não acredita que o homem está fazendo...

— É verdade.

— Sabe de uma coisa? Nesses tempos modernos que você está falando, já ouvi dizer que os mais velhos acreditam em tudo e que os de meia-idade suspeitam de tudo. Porém, mais interessante é que os jovens pensam que sabem tudo.

Fiquei surpreso com o que ouvi, mas apenas completei:

— Os jovens de hoje protestam tudo e querem consertar o mundo, não é mesmo?

— É verdade, querem consertar o mundo, mas antes disso deveriam primeiro pelo menos arrumar o próprio quarto.

Não consegui ficar sem dar uma gargalhada. Aquele senhor me surpreendia a cada frase. Queria ficar, mas o relógio obrigava-me a partir. Então, disse:

— É isso mesmo. Muito bem, a conversa está boa, mas tenho que ir. Fica com Deus, vovô.

— Ora, já vai?

— O relógio está mandando – disse sorrindo.

— E não adianta nada jogar fora o relógio. Esse corre-corre é coisa dos tempos modernos... As pessoas correm tanto durante a vida para não chegar a lugar nenhum. Mas, fazer o quê? Então, vai com Deus meu filho e até breve.

— Até breve? Desculpe-me, vovô, mas acho que não nos encontraremos mais.

Ele sorriu enigmático e nada disse. Olhei-o intrigado e me perguntei o que aquele sorriso silencioso estaria me dizendo? Será que ele queria dizer: você é que pensa? Fiquei de pé, olhando-o em silêncio e ele ali, sem nada dizer apenas sorria com os óculos escuros tampando boa parte de seu rosto.

Entrei no carro, dei partida e saí bem devagar. Ele continuou a sorrir sem virar o rosto para acompanhar minha partida. Andei alguns quarteirões e não resistindo dei a volta no quarteirão e retornei. Parei bem à sua frente, rente ao paralelepípedo e antes que eu dissesse qualquer coisa, ele falou:

— Uai, meu filho, você já voltou?

Não entendendo o motivo do meu retorno e de meu envolvimento emocional com aquele homem idoso, abri meu sorriso e disse:

— Estava com saudades...

— Então desce, senta e vamos tomar um café com pão de queijo.

Continuei sorrindo e me sentindo cada vez mais preso àquele estranho, mas o compromisso da noite me esperava e não poderia mais ficar ali, caso contrário não chegaria a tempo na outra cidade. Mas, minha emoção empurrou-me para fora do carro e num ímpeto disse a ele:

— Levante-se, vovô e me dê um abraço.

A FÓRMULA DA FELICIDADE — 27

Ele ergueu-se, colocou o cajado escorado na parede e me abraçou em silêncio. Seu sorriso desapareceu e deixou-me a impressão de que estava emocionado. Abraçamo-nos em silêncio, pois não desejei quebrar sua emoção. Depois, olhando-o bem próximo, disse novamente:

— Fica com Deus. Foi um prazer conhecê-lo...

Ele passou a mão por debaixo dos óculos escuros e enxugou algumas lágrimas que não cheguei a ver. Depois disse:

— Até breve, meu filho.

— Por que o até breve?

— Você vai saber...

Ficamos em silêncio por mais alguns momentos. Em seguida, peguei em sua mão e disse:

— Está bem, então até breve.

Ele sorriu, pegou o cajado para escorar-se e aguardou minha partida. Entrei no carro e fui embora, agora mais rápido. Depois de dois quarteirões, antes de virar a esquina, olhei para trás e lá estava ele, de pé, olhando em minha direção. Eu sabia que ele não estava me vendo, impossibilitado pela cegueira, mas estava sentindo-me...

Sozinho comigo mesmo, o carro vencia distâncias, porém meu ser ainda estava lá atrás, junto do vovô. Sei que reencontros existem, mas sei também que a possibilidade de reencontrarmos as pessoas queridas é mais fácil naqueles que estão perto, talvez entre os entes queridos...

E apesar de que por duas vezes ele tenha dito até breve, a minha intenção era outra ao final de minha jornada de palestras, ou seja, retornar o mais rápido possível para casa, sem passar por aquela cidadezinha novamente. O roteiro final me dispensava de passar por ali, portanto estava indo embora com a certeza de que não o encontraria mais.

Ao chegar na cidade da primeira palestra, me hospedei no hotel e fui para o quarto. Precisava tomar um banho e descansar para a palestra da noite. Peguei meu notebook e abri meus e-mails. Fui lendo e respondendo aos recados. Estava envolvido com os contatos e não me lembrava do vovô, mas ao ler uma mensagem sua lembrança tomou conta de minha mente e meu coração bateu em descompasso. A mensagem dizia assim:

"Pessoas entram na sua vida por uma razão, por uma estação ou por uma vida inteira. Quando perceber qual o motivo é, você vai saber o que fazer com cada pessoa. Quando alguém está em sua vida por uma razão é, geralmente, para suprir uma necessidade que você demonstrou. Elas vêm para auxiliar em uma dificuldade, fornecer apoio e orientação, ajudar física, emocional ou espiritualmente. Elas poderão parecer dádivas de Deus. E são. Elas estão lá pela razão que você precisa que estejam lá. Então, sem nenhuma atitude errada de sua parte, em certo momento essa pessoa vai levar essa relação a um fim. Às vezes, essas pessoas morrem, às vezes elas simplesmente se vão, às vezes elas agem e te forçam a tomar posição. O que devemos entender é que nossas necessidades foram atendidas, nossos desejos preenchidos e os trabalhos delas feitos. Agora, é tempo de ir. Quando pessoas entram em nossas vidas por uma estação é porque chegou sua vez de dividir, crescer e aprender. Elas trazem para você a experiência da paz, ou fazem você rir. Elas poderão ensinar algo que você nunca fez. Elas, geralmente, dão uma quantidade enorme de prazer. Acredite, é real. É somente por uma estação, mas deixarão marcas para a vida inteira. Porém, relacionamentos de uma vida inteira, ensinam lições para a vida inteira. Coisas que você deve construir para ter uma formação emocional sólida. Sua tarefa é aceitar a lição, amar a pessoa e colocar o que você aprendeu em uso, em todos os outros relacionamentos e áreas de sua vida. Seja por uma razão, por uma estação ou pela vida inteira, não perca a oportunidade que cada uma delas traz e não se esqueça de que você também entrou na vida dessa pessoa por uma razão, por uma estação, ou pela vida inteira".

Acabei de ler, fechei os olhos e pensando no vovô, monologuei: ele entrou em minha vida por uma razão, por uma estação, ou pela vida inteira? Não importa, ele entrou e não sairá jamais!

03
As palestras

VIAJO POR VÁRIAS REGIÕES do Brasil e assim vou fazendo amizades por todo lugar. Recebo muito carinho e me vejo na situação de quem recebe muito e oferece tão pouco... E a cada viagem constato o quanto o mundo está repleto de pessoas maravilhosas, que dedicam suas vidas ao ideal de servir ao próximo em nome de Jesus.

Fico conhecendo pessoas que se tornam verdadeiros amigos, que abrem as portas de suas casas e de seus corações à minha chegada. Vejo em seus olhos uma amizade sincera e recebo de seus corações muito mais do que simples atitudes de anfitriões. São amigos de verdade.

Isso me faz lembrar de uma história de dois amigos que foram enviados para a guerra, e em certa batalha um deles não voltou. Então, seu amigo diz ao comandante: "Meu amigo ainda não voltou do campo de batalha, senhor. Solicito permissão para ir buscá-lo". E o comandante respondeu: "Permissão negada, pois não quero que arrisque a sua vida por um homem que provavelmente já esteja morto". O soldado, ignorando a proibição, saiu e uma hora mais tarde, regressou ferido, transportando o cadáver de seu amigo. O oficial ficou furioso e disse: "Eu o proibi e ainda assim você foi. De que adiantou você arriscar sua vida? Diga-me, valeu a pena ir lá para trazer um cadáver?" E o soldado respondeu: "Claro que sim, senhor! Quando o encontrei, ele ainda estava vivo e me disse: tinha certeza de que você viria".

O que você, amigo leitor, acha dessa história? Impressionante, não é verdade? E retrata bem o que é uma verdadeira amizade. Como disse o poeta: "Amigo é coisa pra se guardar do lado esquerdo do peito".

Eu me lembro de uma página de Emmanuel, que diz através de Chico Xavier: "Cada pessoa é aquilo que crê; fala do que gosta; retém o que procura; ensina o que aprende; tem o que dá e vale o que faz. Sempre fácil, portanto, para cada um de nós reconhecer os esquemas de vivência em que nos colocamos". É verdade, pois cada um de nós se alimenta do que gosta, bebe o que aprecia, vai onde quer, faz o que lhe dá prazer e sente apenas o que tem no próprio coração. Todos nós enxergamos no mundo o que temos no coração. Se perguntarmos a um homem bom o que ele acha do mundo, ele dirá que o mundo é bom. E o contrário acontecerá com o mau que só vê maldade em todo lugar.

Conheço Casas Espíritas pequenas que se fazem grandes na dedicação e simplicidade de suas atividades. No entanto, já fiz palestra em Casas relativamente maiores, mas que tem pouco de afetividade e mais de autossuficiência. Mas, tudo isso é aprendizado e vou anotando em meu coração cada detalhe a fim de aprender sempre. É preciso entender que cada um só dá aquilo que tem e exigir dos outros não deixa de ser infantilidade.

Não me considero orador, pois reconheço o quanto tenho que aprender.

Lembro-me de Chico Xavier que sempre se colocava na situação de "cisco" que nada valia... Certa vez, conversando com Humberto de Campos, Chico dizia de sua inutilidade, que ele se sentia como um animal, um verdadeiro burro de pouca utilidade. Então, Humberto de Campos contou a ele uma história mais ou menos assim: havia uma região muito pobre em certo país e certa vez uma epidemia estava matando muita gente, mas para chegar até lá não havia estradas e somente era possível levar os remédios utilizando um cavalo ou um burro. Então, não encontrando alternativa, usaram um burrinho que com sua docilidade e força, transportou remédios, vacinas e alimentos durante muito tempo até aquele lugar, e assim foi possível salvar vidas e matar a fome de muita gente.

No final da história, Chico Xavier sorriu e disse: "agora sim, posso me sentir útil e feliz me comparando ao burrinho que apenas transporta coisas que não são minhas. Sim, sou como um burro de carga, mas ainda preciso me tornar dócil para não dar coices em ninguém".

Sim, também eu somente levo o que não é meu. Nas palestras que faço, lembro dos exemplos de muitos missionários que viveram na Terra, que iluminaram os caminhos por onde passaram e, principalmente falo de Jesus Cristo, do "amor encarnado" que pisou aquele solo da Judeia. Jesus é e será sempre o motivo pelo qual aceitamos os convites para fazer palestras por todo lado. A distância é vencida, a solidão tem que ser suportada, os obstáculos ignorados, as dificuldades amenizadas pelo ideal de servir Jesus. Assim, sabendo não ser merecedor de tão grande honra, sigo meu destino levando o que não é meu, buscando ser mais dócil, como dizia Chico Xavier.

Eu tenho comigo que falar ou escrever sobre Jesus é algo que ainda não sei como avaliar... É carregar um tesouro divino apesar da própria miséria, é ser portador de bálsamos, embora seja um doente, é levar a luz sabendo-se na escuridão da ignorância, é ensinar caminhos que ainda não percorreu, é ser o que ainda não é.

Certa vez Sergei Ivanovich Merejkovski conduziu seu jovem filho Dmitri à presença de Dostoievski para que o famoso escritor apreciasse os primeiros versos imaturos e os pálidos ensaios do futuro historiador. O romancista de *Crime e castigo* limitou-se a opinar, em breves palavras, aconselhando: "Para escrever é necessário sofrer".

Sei que ainda não sofri suficientemente para poder escrever ou falar sobre Cristo. Dostoievski está certo afirmando que é preciso sofrer, pois somente com a presença da dor em nossas vidas abrimos as portas da sensibilidade, compadecemos da dor alheia, nos tornamos mais tolerantes, afetuosos e humildes. Paulo de Tarso disse: "Eu precisava saber menos para sofrer menos". É verdade...

Por isso, julgo-me um ousado escriba e muito mais ainda um atrevido, pois para quem nem aprendeu a conversar querer se colocar como orador... Eu jamais esqueço um pensamento que diz: "O homem leva 3 anos para aprender a falar e 60 para aprender a calar". É pensando nisso que digo que sou apenas um aprendiz. Aprendiz de escritor, aprendiz de orador, aprendiz da vida. Mas, infelizmente ainda sou aquele aprendiz que pouco aprende...

Quero aprender sim, pois ele disse: "Aprendei de mim, que sou manso e humilde de coração e encontrareis repouso para as vossas almas". E apesar de minhas fragilidades e deficiências, tento ouvir a sua voz a dizer: "Tenho vos dito isto para que em mim tenhais paz; no mundo tereis aflições, mas tende bom ânimo, eu venci o mundo".

No desejo de aprender, vou colecionando histórias, fatos e exemplos daqueles que são ou foram portadores de luz para anotar no "diário de bordo", em minha viagem pela vida. É preciso seguir Sócrates, quando dizia que a "única coisa que ele sabia era que nada sabia".

Você já reparou que quando nos referimos aos orgulhosos dizemos: "estão cheios de si". Não é verdade? E sabe por que dizemos isso? Essa frase reflete uma verdade, pois quem é "cheio de si" não traz nada dos outros em seu coração, ninguém ocupa sua mente. Ele se basta. Fala de si mesmo, se acha o melhor, sabe tudo de tudo, tem conselhos para todos e sua opinião deve sempre ser acatada, caso contrário fica melindrado. É como Narciso, aquele da Mitologia grega que só olhava a si mesmo. É, aquele outro grego, Sócrates estava certo ao afirmar que nada sabia.

Fico em paz comigo mesmo ao ler as palavras de Jesus: "Bem-aventurados os pobres de espírito porque o Reino dos Céus é para eles". Certa vez, alguém me disse: "Se você se julgar muito importante, então tudo dependerá de você. Mas, se você se sentir humilde, então muitas coisas dependerão de Algo maior que você". Então, pensei: se muitas coisas não dependem de mim posso descansar. Então me coloco nos braços de Nosso Senhor ou no colo de minha Mãe Santíssima, e quem está nos braços de Jesus ou no colo de uma Mãe pode dormir em paz...

E assim, vou seguindo meus passos, sabendo que não sou dono de tudo, que não tenho nem posso resolver os problemas de todos e nem do mundo. O Universo é grande demais para minhas pequenas preocupações... E, muitas vezes acho graça de mim e de meus tropeços, de minha infantilidade... E faço isso porque me aceito assim, pequeno e imperfeito. E acho que o Pai Celestial acaba rindo também...

A minha jornada constava de quatro palestras, uma em cada cidade, porém muito próximas uma das outras. Foram quatro temas diferentes, mas aquela que tratava da felicidade me deixou um pouco frustrado. Confesso que deixei uma mensagem positiva, pois busco levar sempre a alegria, a esperança e o otimismo nas palavras, mas eu senti que me faltava algo, que eu teria que encontrar o roteiro certo para falar da felicidade. Eu prometi a mim mesmo que não falaria desse tema novamente, até que me sentisse satisfeito com tudo o que fosse falado.

Essa palestra foi a última da jornada e chegando no hotel fiquei conversando comigo mesmo, tentando encontrar dentro de mim as explicações do meu sentimento de fracasso. Embora as pessoas tenham se mostrado felizes com a palestra, eu sabia que faltava algo, que para falar da felicidade teria que ter uma fórmula, uma receita, um não sei o quê para que todos os que ouvissem se sentissem na possibilidade de alcançar essa virtude – a felicidade.

Tarde da noite, ainda estava acordado. Da janela do apartamento, fiquei olhando a cidade iluminada e pensando nas pessoas que naquele momento dormiam, sonhavam, e também naquelas que permaneciam acordadas como eu, envoltos em seus problemas, suas dores e aflições. Como o mundo é imenso... E cada pessoa tem sua história...

Exausto, fechei a janela, apaguei a luz e deitei. Na escuridão do quarto a minha companhia era o tema – felicidade. Como falar de ti, oh felicidade? Como dar esperança à quem não tem nem onde pedir? Como iluminar vidas que se tornaram escuras pela dor, pelo abandono? Como apontar caminhos para os perdidos?

Num ímpeto de emoção, orei a Jesus, suplicando socorro. E o amparo do Alto chegou em forma de sono. Dormi como nunca havia acontecido... Acho que nem me virei na cama durante toda a noite. De repente, acordei ouvindo uma voz, clara, carinhosa, meiga, que dizia aos meus ouvidos: hoje você vai aprender a fórmula da felicidade.

Levantei assustado e me pus de pé. Os raios de sol iluminavam o quarto e notei que havia dormido demais. Olhei no relógio e seus ponteiros apontavam 10 horas. Ainda com o som da voz nos ouvidos, monologuei: "você vai aprender a fórmula da felicidade..." Que bom, pensei quase falando. Depois do banho, desci para tomar o café. Então, retornei ao quarto e comecei a arrumar a mala para voltar pra casa. Estava encerrada mais uma jornada de palestras...

04
O reencontro

DURANTE OS QUATRO DIAS de palestras confesso que me lembrei algumas vezes do vovô da pequena cidadezinha. Seu rosto me surgia com aquele sorriso da despedida, enigmático, ocultando algo, ou, ao contrário, revelando o que eu teimava em não entender. E em todas as vezes que eu me lembrava de sua profecia de que eu retornaria, ria sozinho sem nem pensar na possibilidade de voltar àquele lugar. Por que voltar? Além disso, a cidade da última palestra propiciava meu retorno para casa com maior facilidade por estrada de menor distância.

Acabei de arrumar a mala e me preparei para a viagem. Coloquei tudo no carro e ali na garagem do hotel fiz minha prece. Sempre busco ficar em sintonia com os amigos da espiritualidade, e antes de qualquer viagem, rogo a Jesus permitir que eles estejam comigo e que eu retorne em paz.

Durante a prece, o vovô me pareceu muito perto, quase pude ouvir sua voz e ver seu sorriso. Abri os olhos como a procurar por ele, mesmo sabendo ser isso loucura, mas o fiz. E naturalmente nada vi. Voltei a fechar os olhos e ainda ele se fazia presente diante de minha visão. Com calma, finalizei minha prece a abri os olhos. Fiquei a pensar no porquê daquilo. Qual a razão de sua imagem me aparecer tão forte e justamente no momento em que me preparava para voltar?

De repente, lembrei-me das últimas palavras que ouvi ao acordar – você vai aprender a fórmula da felicidade. Então, pensei: será que o recado de que eu aprenderia a fórmula da felicidade tem a ver com o vovô? Ora, só pode ser... Mas, se assim for, terei que retornar!

Minha mente estava em turbilhão tentando pensar com coerência, sem me deixar envolver pela emoção. Pensei que isso só podia ser atitude de espírita, que acha que esses encontros casuais pode ser um reencontro, ou a força do destino, como também a participação dos Espíritos para que tudo aconteça... Eu não queria me deixar levar por tolices ou pensar que aquele senhor teria algo com meu passado...

Fiquei ali no carro pensando em mil coisas... Vou ao encontro dele ou retorno para casa? Voltando para minha casa tudo isso logo cairia no esquecimento... Afinal, com quantas pessoas encontro todos os dias em minhas viagens? Nos hotéis, restaurantes, postos de combustíveis, livrarias que tanto visito... Sem contar aqueles que me encontram nas palestras, tanto os que me hospedam como os que dizem terem lido algum livro meu...

Na garagem do subterrâneo do hotel, em profundo silêncio, buscava dentro de mim descobrir o que eu deveria fazer... Ali fiquei por longos minutos, até que me lembrei de uma frase de Blaise Pascal: "O coração tem razões que a própria razão desconhece". Sorri e concluí que meu coração me dizia para voltar, embora a razão dissesse que não. Ainda deixei que a razão e o coração brigassem dentro de mim, enquanto ria de mim mesmo... Mas, eu já havia decidido... Vou atender ao coração... Nesse momento, senti que a razão saiu de dentro de mim ao se sentir derrotada, e assim a emoção me tomou por completo. Sim, eu fiquei feliz por decidir voltar. Liguei o carro e fui embora, retornando para a cidadezinha do vovô.

Sou espírita e por isso mesmo acredito que os Espíritos nos ajudam, ou nos prejudicam, dependendo de nossos sentimentos e de nossas atitudes. Sei que a inspiração nada mais é do que a sugestão dos Espíritos propondo que façamos algo. As boas inspirações são as vozes dos Espíritos protetores, bondosos amigos que nos acompanham durante a vida, e as inspirações que nos levam a agir prejudicando a nós mesmos ou aos outros só pode vir de Espíritos imperfeitos e até mesmo maldosos.

Alguns hindus preferem dizer que possuem aspirações e não inspirações. Isso porque a aspiração é algo que vem de dentro, enquanto a inspiração vem de fora. Alguns mestres, ou gurus do Oriente ensinam que não se deve imitar ninguém, e inspirando-se em alguém, a pessoa estará se tornando cópia, sem ser ele mesmo.

Prefiro pensar que nos inspiramos uns aos outros. Sim, pois inspirar-se em alguém não é exatamente ser esse alguém, mas tentar fazer o que ele faz sem ser o que ele é. É maravilhoso saber que podemos nos ajudar sendo referência, sendo exemplos para os outros, influenciando no aprendizado de alguém. E isso vale tanto para essa como para a outra vida, a outra dimensão onde vivem os que nos antecederam.

Creio que muitos já passaram pela experiência de em dado momento ter uma ideia que não havia pensado antes, tomar uma decisão que acabou resultando em situações benéficas, ou mesmo em situações de dor e grande sofrimento, sentir que alguém invisível chega trazendo o acalento da esperança que ameniza a alma.

Embora grande parte da Humanidade não aceite, a participação dos Espíritos no mundo material é comprovada desde remotos tempos. Quem são os Anjos da Guarda, Anjos Guardiões, Protetores ou Guias? Ou mesmo os incompreendidos fantasmas, almas penadas e almas do outro mundo? Como explicar as casas mal-assombradas?

Isso tudo vem provar que vivemos em comunhão com o Mundo Espiritual e isso é maravilhoso, muito embora muitos não aceitem esse intercâmbio. Porém, não há problemas, pois em breve estaremos do outro lado da vida e também nós poderemos provar essa verdade inconteste. Até mesmo Shakespeare, em Hamlet registrou: "Há mais mistérios entre o céu e a Terra do que supõe a nossa vã filosofia". Perfeito. Penso que os gênios estão sempre muito à frente de seu tempo, por isso Shakespeare disse isso com tanta propriedade, há mais de 400 anos. Manoel de Barros disse: "O artista é um erro da natureza. Beethoveen foi um erro perfeito". Essa frase cômica reflete o que são esses gênios. Por causa desses "erros" é que surge Monet, Bach, Michelangelo, Beethoven, Mozart, Eistein e tantos outros. Esses gênios veem coisas onde nada enxergamos, ouvem sons no silêncio, pensam o impensável...

Muito bem, depois de sair da cidade atendendo ao pedido do coração, cheguei a rir da inesperada situação... O carro vencia a distância, no rádio o som melancólico de uma orquestra chegava aos meus ouvidos e a calma estacionou dentro de mim. Estava feliz... Sem perceber, deixava me conduzir pelas mãos invisíveis de meus amigos espirituais.

Eu já não tinha dúvidas se estava agindo certo ou errado, pois a alegria tomara por completo meu coração. Lembrei-me de uma frase muito bonita que procuro aplicar em minha vida: "Tudo o que é bom, dura o tempo suficiente para que seja inesquecível". E eu queria apenas viver intensamente aquele momento sem pensar no tempo que iria durar, fossem horas, dias...

Depois de algumas horas cheguei na entrada da cidadezinha. Parei o carro e fiquei olhando aquele lugar que parecia uma página viva do passado que não passava. Confesso que a emoção estava no pulsar descompassado do coração, e os meus olhos irradiando o brilho de alegria. Depois de alguns minutos, entrei pela rua principal, segui em frente até uma praça, virei à direita e segui até o armazém onde eu havia parado antes. Fui diminuindo a velocidade do carro, mas o coração começou a acelerar as batidas. Lá estava ele, sentado no mesmo lugar. Cheguei bem devagar, até parar rente ao passeio, ao lado dele.

Desliguei o carro e olhei em sua direção. Ele sorriu e esperou. Desci do carro e disse com a voz trêmula:

— Olá, vovô, como vai?

— Oi, meu filho. Que bom que chegou.

— Está surpreso?

— De jeito nenhum, pois estava te esperando.

— Sabia que eu voltaria?

Mais uma vez ele sorriu sem nada dizer, como a mostrar domínio do que falava. Surpreso estava e ainda mais surpreso fiquei quando perguntou:

— Como foi nas palestras?

— Ora, como sabe disso?

— Meu filho, eu já te disse que tenho meus informantes – e continuava a sorrir como se não soubesse do meu assombro.

— Seus informantes são muito fofoqueiros, isso sim.

Ao ouvir, ele gargalhou gostosamente. Em seguida, levantou-se e abriu os braços para o meu abraço. Abraçamo-nos como velhos amigos e pude sentir aquele velho coração batendo de encontro ao meu, que também estava descontrolado no peito.

Como pode ser isso – eu me perguntava. Por que estava tão feliz ao encontrar um estranho? Não encontrei explicações em minha mente, assim entreguei a resposta ao meu coração, e ele me disse sussurrando: por que você faz tantas perguntas? Você é cheio de perguntas na vida, e a vida deve ser vivida e não questionada.

Então, lembrei-me do poeta Alberto Caeiro: Porque o único sentido oculto das coisas é elas não terem sentido oculto nenhum. É mais estranho do que todas as estranhezas e do que o sonho de todos os poetas, e o pensamento de todos os filósofos, que as coisas sejam realmente o que parecem ser e não haja nada a compreender. Sim, eis o que os meus sentidos aprenderam sozinhos: as coisas não têm significação: têm existência. As coisas são o único sentido oculto das coisas.

Então, parei de ficar perguntando a razão das coisas e deixei meu coração sentir...

05

João Mineiro

EU HAVIA MARCADO O ENCONTRO com o vovô às cinco horas da tarde, em sua casa que ficava perto do armazém onde nos encontramos por duas vezes. Quando eu me dirigia ao posto para abastecer, o carro acusou um defeito e, depois das observações do mecânico, ele constatou que a embreagem exigia conserto e que era necessário trocar algumas peças.

O dia era quinta-feira, três horas da tarde, e o mecânico disse que precisaria deixar o carro na oficina para desmontar toda a transmissão a fim de saber qual era a extensão do que teria que consertar. Deixei o carro com ele e fui para o hotel. Meus planos já haviam alterado, pois teria que passar uma noite na cidadezinha, e com o carro consertado, poderia partir no outro dia, sexta-feira à tarde.

O hotel em que me acomodei, aqui em Minas é chamado de pensão. Sim, porque era algo familiar, daquele tipo em que a proprietária é a cozinheira e os familiares moram e trabalham juntos. Era um casarão com portas e janelas altas, o assoalho de madeira e quando a gente pisava, fazia aquele rangido de coisas antigas. As telhas coloniais completavam o conjunto secular daquele casarão que já havia vencido, talvez, mais de cem anos de história.

A sala era ampla e havia três sofás, cada qual bem afastado um do outro, na mesa de centro um antigo ferro à brasa, aqueles que as mulheres usavam com sacrifício nos tempos antigos, e nas paredes retratos de pessoas que, certamente eram os antepassados da proprietária. Para se chegar à cozinha, descia uma escada longa que terminava diante de uma grande mesa, rodeada de cadeiras e bancos, e ao fundo o fogão de lenha coberto de panelas de ferro, onde a desejada comida mineira era preparada.

Dona Chiquinha comandava tudo. Levou-me até o quarto, pediu desculpas pela simplicidade e garantiu boa comida e amizade. Sempre sorrindo, explicou que tudo que eu desejasse, era só chamar que seu marido, filhos e netos atenderiam com prazer. Disse que o banheiro era usado por todos os hóspedes, mas que eu não me preocupasse, pois estava sempre limpo.

Cinco horas cheguei à porta da casa do vovô. Lá estava ele, sentado em um dos tocos de madeira que serviam de bancos à frente da casa, debaixo de frondosas árvores que amenizavam o calor. Cheguei feliz e disse:

— Olá vovô, aqui estou eu.

— Que bom, meu filho. Venha se sentar comigo, vamos conversar um pouco.

Sentei no outro toco de madeira e comecei a nossa conversa.

— Me fale um pouco do senhor. Estou curioso, afinal

os nossos encontros tocaram meu coração profundamente.

— Que bom ouvir isso. Também eu senti algo dentro de mim e ainda não sei explicar o motivo. Vou contar um pouco da minha história. Todos aqui me chamam de João Mineiro. Tenho oitenta e cinco anos e jamais saí de nossa cidadezinha.

— O senhor já nasceu com a deficiência visual?

— Não. Com dois anos de idade quase morri de meningite, mas certa noite, estando desesperada, minha mãe rogou a Jesus para mandar um anjo a fim de me curar. Em poucos minutos, ela viu uma luz forte entrar no quarto e colocar algo em minha boca. Esse ser passou a mão em minha cabeça e disse à mamãe: ele vai viver. Ela chorou como criança e a luz desapareceu e no outro dia eu estava curado. Muito tempo depois, eu já estava com mais de vinte anos, ela viu o retrato daquele ser numa revista e reconheceu ser o anjo que havia me curado quando criança e só então veio saber que se tratava de um médico que viveu no Rio de Janeiro e se chamava Dr. Bezerra de Menezes.

— Que fato lindo.

— Pois é. E a partir daquele dia, minha mãe disse que eu tinha que agradecer a esse anjo e procurei saber quem era ele. Descobri que foi espírita e então decidi me dedicar a curar os outros também, sempre pensando no Dr. Bezerra de Menezes. Comecei benzendo as pessoas em minha casa mesmo com simplicidade, mas com desejo imenso de ajudar o próximo. E até hoje sempre que vou orar por alguém, peço a Jesus permitir que o Dr. Bezerra me ajude, e de vez em quando, ele chega perto de mim e fala: vamos trabalhar, meu filho. E quando isso acontece, começo a chorar de emoção. Quando eu tinha quarenta e cinco anos, caí do cavalo e bati com a cabeça no chão. Desmaiei e quando acordei estava cego para nunca mais ver a luz do sol, mas passei a ver um pouco da luz das pessoas e um pouquinho da luz dos Espíritos Amigos.

— Então, o senhor é espírita?

— Graças a Deus. Sou espírita de curar e não de falar bonito como você fala.

— Como sabe disso?

Ele sorriu gostosamente e respondeu:

— Já te disse que são meus informantes que me falam.

O tempo passava e eu me via cada vez mais preso a esse homem que já me parecia tão familiar... Sorrimos juntos e a conversa seguia descontraída e às vezes trazendo emoção.

— Senhor João Mineiro, aqui tem Centro Espírita?

— Tem um pequenininho ali, logo depois daquela esquina. É uma Casa bem pequenina, mas grande no desejo de servir àqueles que estão sofrendo. Eu ajudo lá todas as sextas-feiras na reunião de Evangelho e passes. E, de vez em quando, o Dr. Bezerra de Menezes me traz o presente da sua presença, e quando isso acontece quase não suporto a dor no peito tamanha a emoção e meus olhos choram como se fosse um rio desaguando água pelo meu velho rosto.

Nesse momento, João Mineiro calou-se, pegou um lenço no bolso e passou-o pelo rosto marcado pelos anos enxugando as lágrimas. Fiquei em silêncio, pois não tinha o que dizer. Depois de alguns momentos, ele disse:

— Perdoe esse velho, meu filho. Mas, me fale de você agora. Como foram suas palestras?

— Olha vovô, embora eu não esteja entendendo muito

bem o que está acontecendo, quero dizer que não foram muito boas... Eu tenho certeza de que o senhor sabe muitas coisas e espero que me conte, está bem?

— Está bem, mas, não tenha pressa... Vamos aproveitar esse tempo que agora Deus nos concedeu. Vou te dizer algo que ouvi de um padre e ele disse que está na Bíblia, e acho que é uma das coisas mais lindas desse livro, por isso nunca mais esqueci: "Tudo tem seu tempo certo; há um tempo para cada coisa sob os céus: um tempo para nascer e um tempo para morrer, um tempo para plantar e um tempo para colher, um tempo para chorar e um tempo para rir, um tempo para o luto e um tempo para dançar".

— O senhor está certo citando o Eclesiastes. Concordo com a beleza desse texto milenar.

— E você sabe que tempo está vivendo agora?

— Se eu sei o tempo que estou vivendo agora?

— Sim, já vivi meu tempo de nascer e estou chegando na hora de morrer... Já vivi meu tempo de plantar e agora estou vivendo no tempo de colher... Já vivi meu tempo de dançar, de rir, agora vivo no tempo de sofrer o final das forças de meu corpo. Meu espírito não quer ir, mas o corpo está cansado...

— Não fale assim.

— É verdade. Sei que me resta pouco tempo. E você, qual é o seu tempo agora, meu filho?

Não soube responder, por isso guardei silêncio, talvez envergonhado da minha ignorância. Então, ele disse:

— Você está vivendo o tempo de aprender. Você retornou até aqui por misericórdia de Jesus que te concedeu essa oportunidade. Não tenha pressa e aproveite a lição.

Ficamos em silêncio. E novamente, ele perguntou:

— E as palestras, como foram?

— Acho que o senhor sabe o que está acontecendo comigo...

— Sei, falar da felicidade não é tarefa tão fácil assim.

Nesse momento, confesso que suas palavras já não me surpreendiam mais, pois naquela altura eu havia entendido que existia algo além do que meus olhos poderiam ver e que meus pobres sentidos poderiam perceber. Ele sabia muito mais do que eu supunha, então entendi que estava diante de alguém que poderia revelar coisas que jamais imaginava. E ele completou:

— Nossos olhos não percebem tudo, é verdade. Olhe para o céu, você está vendo as estrelas?

— Não, pois o sol ainda não se pôs.

— No entanto elas estão brilhando, não é verdade? As estrelas brilham o tempo todo sem que vejamos. Há vida microscópica no ar sem que percebamos e há sons que os nossos ouvidos não captam.

— Vovô, eu já entendi. Estou vivendo o tempo de aprender. Quero aprender...

— Você ficou insatisfeito com o que falou sobre a felicidade, não é verdade?

— Sim, é verdade. Essa palestra me deixou frustrado.

— Vou dar a você o que um dia aprendi de alguém que sabe mais do que nós. A receita existe e foi deixada aqui, em nosso pequenino Centro há muito tempo, mas jamais a esqueci. Naquela noite, talvez uma das mais belas de minha vida, conheci alguém que podia falar sobre a felicidade, pois ele viveu e exemplificou o que falava. Aqui, ele ensinou a fórmula da felicidade e vou passar a você. Sabe de quem estou falando?

A FÓRMULA DA FELICIDADE — 51

— Não, não sei.

— Falo do inesquecível Jerônimo Mendonça. Ele iluminou com sua presença esse pequeno lugar e deixou aqui a receita da felicidade.

— Eu adoro Jerônimo Mendonça. Sou muito ligado a ele. Então, ele aqui esteve e fez uma palestra falando da felicidade?

— Pois é. E que palestra!

— E o senhor vai me contar como foi?

— Sim. Ainda hoje alguém disse que você aprenderia a fórmula da felicidade, não é verdade?

— É verdade. Eu acordei ouvindo uma voz que me dizia isso. Eu nem acredito no que está acontecendo...

— Pois é. Quem te disse isso está aqui junto de nós e me fala de algumas coisas.

— Ora, quem é ele?

— Ele disse que é seu bisavô e chama-se Francisco.

Ao ouvir o nome correto, não suportei a emoção e meus olhos marejaram. Sim, agora eu estava entendendo tudo.

João Mineiro guardou silêncio, apenas colocou sua mão em meus ombros e repartiu comigo aquele momento de paz e emoção. Depois, eu disse:

— Agora eu entendi que deveria mesmo voltar aqui. Nada é por acaso. Quero ouvir tudo que o senhor tem para contar.

— Eu vou contar a você tudo o que aconteceu naquele dia. Mas, só te contarei sob uma condição.

— Que condição?

— De você escrever um livro contando o que o Jerônimo falou.

Ao ouvir a proposta foi minha vez de sorrir gostosamente. Ele também sabia que eu escrevia e propondo assim forçava-me a escrever. Mas, não havia jeito de fugir e aceitar era minha única saída.

— Eu prometo que tentarei escrever.

Ele sorriu também e disse:

— Está combinado. Promessa é dívida, meu filho.

Então, ele suspirou fundo, como a recordar o fato e falou:

— Muito bem, então vou te contar. Para explicar a fórmula da felicidade, Jerônimo Mendonça usou um símbolo que jamais esqueci. Ele disse que a felicidade mora no último andar de um edifício, e para alcançá-la é preciso passar por todos os andares. E cada andar representa uma virtude. Ele disse que subindo a cada andar estaremos trilhando o caminho da felicidade.

— Que interessante! É verdade, todos nós queremos alcançar a felicidade, mas quase ninguém sabe o que é preciso. Eu agradeço seu carinho e também por me revelar tudo isso.

— Ora, não agradeça. Mas, agora vamos entrar e tomar uma sopa que meu neto preparou. Precisamos cuidar também do corpo, não é? Depois da sopa, começarei a te contar o segredo do "edifício" que o Jerônimo falou.

E assim estava começando uma das aventuras mais lindas da minha vida... Era o meu tempo de aprender com João Mineiro e também aprender a fórmula da felicidade com o amado e inesquecível Jerônimo Mendonça.

06

Jerônimo Mendonça

A CASA DE JOÃO MINEIRO era muito simples. Não havia forro e o chão era o puro cimento liso, mas muito limpo. Janelas e portas seguiam o modelo antigo com altura característica do barroco. As lâmpadas ficavam dependuradas pelo fio e a madeira e as telhas ficavam expostas.

Adentramos a sala que continha um sofá grande e dois pequenos, uma mesa de centro e um armário antigo com portas de vidro e no seu interior xícaras e copos que deveriam ter décadas. Uma televisão também com muitos anos de uso, e em cima alguns retratos que julguei serem da família.

Todos os três quartos tinham as portas para a sala, como era do costume das casas antigas. Atravessamos a sala e chegamos à cozinha. Um fogão, uma pia simples, um armário para guardar panelas e louças e uma mesa ladeada por quatro cadeiras. Adorei ver o fogão de lenha e algumas panelas que ainda ferviam e espalhavam um cheiro gostoso no ar.

— Netinho, a sopa está pronta?

— Sim, vovô.

Fui apresentado a Netinho, rapaz talvez com 25 anos, que recebera o nome em homenagem ao avô. O Netinho cuidava do avô com muito carinho, é o que pude perceber, pois logo o conduziu à mesa e em seguida serviu-o com atenção, trazendo-lhe o pão e alertando-o para o perigo da sopa que ainda estava muito quente.

Netinho era filho de sua filha, professora que dava aulas em uma fazenda perto da cidade. Netinho ajudava o pai em um bar à noite, e por isso tinha condições de amparar o avô durante o dia.

A sopa estava deliciosa. Tomamos os três juntos e a conversa seguia animada. João Mineiro, em certo momento, disse:

— Muitos espíritas não tiveram oportunidade de conhecer Jerônimo Mendonça, outros o conhecem por seu nome, mas não sabem de sua história e ainda há aqueles que jamais ouviram falar dele. Por isso, quero te pedir que em seu livro, você conte um pouco da vida desse extraordinário homem que mesmo deitado fez mais do que muitos.

— Ora, vovô, acho que o senhor mesmo pode contar. Além disso, o senhor pode até contar o que vocês conversaram, afinal quando dois grandes homens se encontram, deve sair coisas maravilhosas em seus diálogos.

— Não diga isso, meu filho. Ele, sim, foi e é um grande homem. Eu sou apenas o aprendiz que ainda não aprendeu quase nada das lições da vida. Sou um analfabeto dando trabalho aos mestres na escola da vida.

— Pode falar o que quiser, pois acredito mesmo é que vocês dois são grandes almas. Quero, sim, ouvir o que o senhor tem a falar de Jerônimo Mendonça e será uma alegria dedicar um capítulo para contar um pouco do que ele fez.

Ele suspirou fundo como a buscar nos arquivos da alma as lembranças antigas, imagens guardadas, muito embora os seus olhos não tenham sido testemunhas. Eu e Netinho esperamos ele iniciar a narrativa, por isso ficamos em respeitoso silêncio. Ele tirou os óculos e só então pude ver que seus olhos permaneciam sempre fechados, no entanto deles também saíam lágrimas. Ele passou o lenço no rosto e disse:

— Se enganam quem diz que lembrar o passado é sofrer duas vezes. É verdade que haja fatos que melhor seria esquecê-los, mas isso não quer dizer que não tenhamos saudades de emoções vividas, de momentos inesquecíveis e de pessoas inigualáveis.

Suspirou novamente e começou:

— Jerônimo Mendonça nasceu pobre, quase miserável, num rancho de capim, em Ituiutaba, Minas Gerais. Teve nove irmãos. O pai trabalhava na roça e a mãe era lavadeira. Ainda criança trabalhou como candeeiro, balconista de armazém e engraxate. Aos dezesseis anos conheceu a Doutrina Espírita e começou a frequentar a Mocidade e fundou a Campanha Auta de Souza junto de outros jovens. Foi nessa época que vestiu o primeiro terno, presente de um amigo alfaiate. E no dia em que vestiu o terno, retornou do cinema carregado pelos amigos, e tão grande era o inchaço dos pés que tiveram que rasgar a calça, e ali, naquele dia começou o seu martírio. O médico foi chamado e diagnosticou: artrite. Depois de alguns meses, começou a usar a muleta e daí a algum tempo foi para a cadeira de rodas, e em seguida para o leito. E a vida seguiu de lágrima em lágrima, de tortura em tortura, pesadelo em pesadelo, de experiências em experiências. Ele sentia muitas dores e às vezes colocava um peso no peito para amenizar um pouco seu sofrimento. Mas, ainda ficaria cego também. Em 1970 fundou o Centro Espírita Seareiros de Jesus. Em seguida abriu uma gráfica e também a Casa da Sopa. Em seguida, fundou a Creche Pouso do Amanhecer, que ainda hoje abriga crianças. Publicou vários livros de poemas e contos, e gravou palestras em fitas de vídeo. Certa vez foi visitar José Arigó e este disse: "a doença do Jerônimo é a dos três cês: cama, carma e calma". E assim foi, pois a artrite reumatoide avançou deixando-o sem movimento algum, até ficar cego. Ficou na cama por 30 anos, no entanto jamais se entregou e viajava por todo o Brasil fazendo palestras e despertando as pessoas para a verdadeira vida.

Ao finalizar, estava emocionado. Algumas lágrimas rolaram por seu rosto e seus lábios silenciaram. Eu e Netinho permanecemos sem nada dizer. Vovô suspirou fundo buscando o ar que a emoção lhe tirava. Devagar ele buscou minha mão e pegou-a afetuosamente. Depois disse:

— Nesse mundo muita gente recebe homenagens, algumas justas, outras nem tanto. Não sei se Jerônimo recebeu alguma homenagem enquanto aqui viveu entre nós. O que sei é que é melhor merecer do que receber homenagens. E eu sei que ele mereceu principalmente de nós, espíritas. Por isso estou pedindo a você para colocar esse capítulo em seu livro a fim de mostrar a ele nossa gratidão por tudo que ele foi e fez.

— Vovô, fica em paz, pois assim será, muito embora seja ele merecedor de homenagens mais dignas do que a desse singelo escriba.

— Meu filho, o Jerônimo me contou que quando jovem, antes da doença começar a manifestar ele gostava de olhar-se no espelho e envaidecido pensar: *Eh, Tarzan!* Certa ocasião, no grupo espírita que ele frequentava, o orador recebeu um espírito que disse: "Venho trazer a mensagem a um Tarzan que está na plateia". Somente o Jerônimo sabia que era para ele, e o espírito completou: "Tarzan, vem aí a selva do sofrimento. Agarra-te ao cipó verde da esperança e arma-te de muita fé e coragem para lutar contra a animalidade que ruge em teu peito. Ainda que tiveres de verter todas as lágrimas ou padecer todas as dores, o que representará isso, ante o amanhã glorioso do teu destino?".

— Que mensagem incrível...

— É verdade. Jerônimo contou que naquele momento gelou até a alma por saber que aquela mensagem profetizava uma estrada de dor e lágrimas. E elas vieram, sem dúvida, mas ele venceu.

— O mundo é mesmo um livro repleto de maravilhosas lições, não é?

— Sim, mas esse livro fantástico de nada adianta para quem não sabe ler.

— Então, pelo jeito o mundo está repleto de analfabetos?

Ele sorriu e disse:

— Jesus nos disse: "ouça quem tem ouvidos de ouvir e veja quem tem olhos de ver". Ouvidos todos nós temos e olhos também, não é?

— Sim.

— Mas, por que Jesus disse assim? Você não acha que nesse livro do mundo a maioria não tem "olhos de ver"?

— É, a maioria dos homens são verdadeiros cegos.

— Mais cegos do que eu. Mas, pior ainda é aquele cego que não acredita que é cego. Há surdos que não querem ouvir e ainda há cegos conduzindo cegos, como disse nosso Mestre Jesus.

— Que fato lamentável.

— E é lamentável constatar que grande parte da humanidade morre sem ter aprendido a viver. Morreram e não viveram.

— Não posso ficar pensando nisso. Sei de minhas dificuldades e tendências, e me vejo como um aluno não muito aplicado nas experiências que a vida oferece.

— Temos que fazer o possível ao nosso alcance, assim não teremos a consciência a nos cobrar. Alguém disse que quem faz o que pode não fica devendo.

— Estou tentando fazer o que eu poderia fazer, mas aí chega a preguiça, o comodismo e muitas vezes ponho tudo a perder.

— O segredo é recomeçar sempre. Não desistir nunca. Jesus disse que devemos perseverar até o fim. E estamos muito longe do fim, você não acha?

— Ihhhhhhh.... eu estou começando a caminhar agora.

— Então está bom, pois você já começou a andar. Lembre-se que o nosso amigo Jerônimo Mendonça teve que "caminhar" deitado, e mesmo assim realizou muito.

— Como Jerônimo pôde realizar tanto?

— Ele contou que suas dores começaram quando vestiu pela primeira vez um terno. Sempre foi muito pobre e certo dia ganhou um terno de presente de um amigo. Foi ao cinema e ao final seus pés e pernas estavam tão inchados que não havia como tirar a roupa, por isso teve que rasgar a calça nova. Mais tarde a dor o convidou a usar a muleta. Por algum tempo se locomoveu assim, até que a dor lhe disse para sentar-se e ele sentou na cadeira de rodas, pois já não suportava andar nem de muletas. Algum tempo depois um novo convite da dor exigia que ele deitasse, e ele se deitou para nunca mais se levantar. E, finalmente, a abençoada dor, como ele mesmo dizia lhe tirou os olhos deixando-o na escuridão.

— Isso tudo me impressiona muito.

— E não é diferente para mim, meu filho. Jerônimo disse que a dor o acompanhou por toda a vida se fazendo a sua companheira de viagem mais fiel. Ele usava uma pedra, às vezes um peso que colocava no peito para aliviar um pouco as dores que lhe afligia.

— Meu Deus, colocar uma pedra sobre o peito para aliviar a dor?

— Isso mesmo. Ele dizia que isso era para que ele se lembrasse de tantas "pedras" que ele colocou no caminho do próximo.

— Isso me lembra aquela frase que diz: "enquanto descanso, carrego pedras".

— Jerônimo carregou de verdade sua cruz e suas "pedras".

— Verdadeira lição de vida!

Nesse momento o silêncio se fez entre nós. A lição de Jerônimo Mendonça, o Gigante Deitado, havia ficado em nosso coração.

07
Chegada de Jerônimo

FERNANDO PESSOA CERTA VEZ escreveu: "Eu nunca guardei rebanhos, mas é como se os guardasse. Minha alma é como um pastor. Conhece o vento e o sol e anda pela mão das estações a seguir e a olhar". Perfeito.

Não sou poeta e nem me atrevo a dizer que sou um escritor, estou apenas "guardando os meus rebanhos", ou seja, os meus pensamentos que materializo em folhas esparsas ou na memória do computador. Estou simplesmente "pescando" no mar da vida os "peixes" para um dia colocá-los no papel e transformar em livros. Quase nada é meu e quase tudo é dos outros. São lições que vejo e ouço e me vem o desejo de que outras pessoas também saibam.

Tenho consciência que escrevo primeiro para mim mesmo, na tentativa de amansar o coração bravio que pula no peito. Enquanto vou traçando as linhas, guardando esses rebanhos no aconchego de minha alma, vou propondo ao coração: aquieta-te, aprende e ama.

Acomodados no sofá da sala, eu estava pronto para receber as primeiras lições da fórmula da felicidade que o Jerônimo ensinou naquela cidadezinha. João Mineiro acomodou-se com as mãos em seu cajado entre as pernas e sorriu sua alegria inocente em minha direção. Correspondi ao sorriso, muito embora ele não pudesse ver, mas ele sentiu, pois peguei em sua mão e disse:

— Vovô, pode começar.

— Sim, vou começar. Meu filho, aquele dia está gravado em minha alma para sempre. Eu não posso ver, mas eu vi a luz em volta de Jerônimo. Não sei expressar a beleza de tão linda luz, mas era intensa e suave ao mesmo tempo. E tive a sensação de que havia vários Espíritos em torno dele, amparando-o em sua missão. Ele chegou à nossa cidade e foi descansar naquela mesma pensão em que você está. Não ousei incomodar, por isso esperei que chegasse à noite para vê-lo. Sabia o quanto era difícil para ele viajar e contive a minha ansiedade em ouvir sua voz e sentir bem de perto a sua presença abençoada.

— É verdade, ao lado de Jerônimo Mendonça qualquer de nós sentia-se pequeno em virtudes. Quem o conheceu diz que ao se aproximar dele se viu envolvido por emoção jamais sentida.

— E não poderia ser diferente. Ele foi um exemplo de resignação e fé para todos nós. Ficar imobilizado e cego em uma cama por mais de 30 anos é, pelo menos para mim, algo inimaginável.

— É isso mesmo.

— Aquela tarde passou lentamente para mim que aguardava a noite chegar a fim de aprender uma lição exemplificada. Finalmente, às 19:00 horas aconteceu aquele impacto. Jerônimo adentrou o nosso centro deitado numa cama e carregado por seus bondosos amigos que o acompanhavam. Algumas pessoas sussurraram, talvez de espanto ou compaixão. Ninguém ousava falar, pois estávamos todos impressionados com aquela cena jamais presenciada numa Casa como a nossa. O barulho que se ouvia era apenas daqueles que o acomodavam, mas o que eu ouvia mesmo era o palpitar de meu pobre coração. Aquela luz maravilhosa que o envolvia trazia um perfume desconhecido e eu podia ver perfeitamente suas cores que faiscavam em todas as direções. O pequeno salão ficou inundado por um brilho que nenhuma luz poderia proporcionar. Meus olhos ficaram alagados e por isso transbordou lágrimas pelo meu velho rosto que sorria e chorava de felicidade.

— Eu estou emocionado só de ouvir seu relato.

— Eu acredito. Depois de posicionar a cama de frente ao corredor, todos se sentaram. Eu estava na primeira fila, a um metro dele, bem pertinho. Eu tremia de emoção e algo dentro de mim dizia que eu já o conhecia há muito tempo e que naquele momento acontecia um reencontro de velhos amigos, de antigos tempos, talvez envolvidos em fatos que não seria bom relembrarmos. Não consegui me conter e pousando minha mão em seu peito, carinhosamente disse-lhe: seja bem-vindo, meu amigo.

— E ele disse alguma coisa?

— Meu filho, você não pode imaginar o que aconteceu... Ele sorriu e respondeu quase sussurrando para que ninguém ouvisse: "Que alegria te reencontrar, João. Estava ansioso por esse momento. Obrigado por vir me ver".

— Impressionante. Ele chamou-o pelo nome?

— Sim. Posso te dizer que minha vontade era gritar a

minha felicidade para que todos soubessem, mas consegui calar. No entanto, por conter a emoção sufocada no peito, meu corpo tremia e meus olhos se transformaram em fonte jorrando lágrimas de gratidão a Deus por aquele momento.

— Posso imaginar sua emoção...

— Ainda hoje choro...

E João Mineiro chorou sua emoção e saudade. Também chorei ao ver suas lágrimas e as mãos trêmulas a enxugar seu rosto marcado pelo tempo. Depois de alguns momentos em silêncio, ele perguntou:

— Você já viu dois cegos se encontrarem e se reconhecerem?

João Mineiro me fez essa pergunta entre lágrimas e sorriso. O fato era realmente inusitado, por isso ri com ele. João Mineiro era um homem sábio que entendia os porquês da vida e não se revoltava quando o Pai Celestial lhe dizia não, inclusive por não enxergar. Ele sabia que tudo tinha uma razão de ser. Querendo mostrar minha naturalidade, disse-lhe:

— Eu nunca vi isso.

— Ele riu gostosamente, entremeando um sentimento dolorido pela saudade do amigo e alegria pelo momento que estava vivendo. Olhando-o com ternura, lembrei-me de uma frase de Cecília Meireles que diz: "Há pessoas que nos falam e nem as escutamos; há pessoas que nos ferem e nem cicatrizes deixam, mas há pessoas que simplesmente aparecem em nossa vida e nos marcam para sempre". Certamente, João Mineiro estava entrando em minha vida para ficar.

Percebendo meu silêncio, ele perguntou:

— Onde você está? Pensando em quê?

— Ah! Estou pensando no mecanismo do destino que

nos coloca em situações jamais imaginadas. O que trouxe Jerônimo até aqui? Qual é a causa de vocês se encontrarem?

— Penso que foi a bondade de Deus que o trouxe até aqui. Foi um remédio para a minha alma doente, uma luz em minha estrada repleta de escuridão.

— Não fale assim. Seu bondoso coração já socorreu muita gente, tenho certeza disso. E o abençoado Bezerra de Menezes utilizou suas mãos para curar muitos doentes sem recursos e sem esperanças. Estou enganado?

Ele sorriu e respondeu:

— O que eu sei, é que quando Bezerra de Menezes socorre alguém, primeiro ele cuida desse doente aqui. Ele se aproxima e eu começo a chorar e acabo atrapalhando o seu trabalho.

— Deixe de conversar bobagens e continue contando o que aconteceu naquela noite com o Jerônimo.

— Eu só sei que os dois cegos estavam um diante do outro. Eu não o vi, mas vi sua luz. Ele não me viu e nem tão pouco poderia ver luz em mim, que sou apenas um pobre coitado.

Ao ouvir isso, gargalhei intensamente. João Mineiro era alegre e dizia coisas surpreendentes. Eu já estava me habituando a isso, ou chorava de emoção ou sorria de alegria. Depois falei:

— Se o senhor é um pobre coitado, o que me resta? Estamos aqui falando de Jerônimo e Bezerra, e o que sinto é uma vontade danada de ser bom.

Ele sorriu e respondeu:

— Para melhorar é preciso primeiro querer ser bom. E para ser feliz é necessário seguir o que Jerônimo ensinou naquela noite.

— Então continue, ora.

— Como eu estava dizendo, eu o cumprimentei e ele me chamou pelo nome. Aquilo me causou um grande susto, e até parece que ele percebeu, pois sorriu e disse: "Ora, João Mineiro, se você tem seus informantes, eu também tenho os meus. Não se assuste por tê-lo chamado pelo nome. Eu o conheço há séculos e você sabe disso".

— Essa foi ótima. O senhor fez isso comigo, lembra-se? O senhor me disse que tinha seus informantes quando eu cheguei na cidade e o Jerônimo fez o mesmo. Gostei de saber disso.

— Mas, meu susto foi maior que o seu, estou certo disso. E depois desse susto, eu me calei porque a reunião iria começar.

— Quanta emoção num só dia, não é mesmo?

— É, meu filho. Não sei como suportei tudo aquilo. Meu coração deve ser duro como pedra, pois disparou como um cavalo feroz, mas aguentou firme até o fim.

Enquanto João Mineiro enxugava as lágrimas, eu, em silêncio o admirava ainda mais. O seu corpo estava cansado pela caminhada na estrada da vida, mas seu espírito estava robusto nos sentimentos. As suas mãos calejadas escondiam a delicadeza daquela alma que afagava os doentes, curava os enfermos com os fluidos espirituais e também com o seu nobre coração. Os seus olhos não percebiam a matéria grosseira do nosso mundo físico, mas percebia a vida que pulsava bela e surpreendente em outras dimensões.

Ao lado de João Mineiro o tempo parava, ou voava, não sei. O mundo lá fora desaparecia, os sons se calavam e sua voz imperava solene, embora doce. Olhando-o naqueles trajes simples de homem pobre do interior mineiro, fiquei a imaginar a beleza espiritual que se escondia naquele corpo humilde. Sua casa singela, de poucos móveis, chão de cimento liso e o telhado à vista, pois não havia forro, com certeza abrigava um "anjo" que visitava os nossos sítios.

Que alma era aquela? Que bondoso Espírito descera à Terra para se esconder ali naquelas paragens? Essas observações e perguntas enchiam minha mente enquanto olhava-o em silêncio.

Então, lembrei-me de Diógenes, filósofo grego que viveu entre 413-327 a.C. e ficou famoso por seu jeito excêntrico e comentários mordazes. Ele caminhava pelas ruas de Athenas com uma lanterna a proclamar:

— Procuro um homem honesto.

Tenho certeza de que sua tarefa era algo difícil, assim como achar agulha no palheiro, e ainda hoje ele teria dificuldades em encontrar tal homem diante da corrupção que impera em nossa sociedade.

Diógenes não era excêntrico, mas havia em suas atitudes um humor irônico que hoje poderíamos chamar de gozação, com a qual procurava despertar as pessoas à apreciação de suas ideias. Ele ensinava que o supremo recurso de felicidade é o total desprezo pelas convenções humanas, em obediência plena às leis da Natureza. Dizia que o caminho para essa realização está na simplicidade da existência, superando a superficialidade e os modismos. Diógenes andava descalço, vestia uma única túnica e dormia num tonel. Certa feita viu um menino a usar as mãos para tomar água e admirou-se.

— Acabo de aprender que ainda tenho objetos supérfluos.

Jogou fora a caneca que usava e passou a imitar o menino.

Alexandre, o Grande (356-323 a.C.), quis conhecê-lo e testar seu proverbial desprendimento dos bens materiais. Foi encontrar o filósofo, em fria manhã de inverno aquecendo-se ao sol. Após serem apresentados e conversarem, Alexandre disse-lhe estar disposto a atender qualquer pedido seu, o capricho mais sofisticado, o objeto mais precioso. Diógenes sorriu e respondeu:

— Quero apenas que não me tires o que não me podes dar. Estás diante do Sol que me aquece. Afasta-te, pois...

O que você acha disso, caro leitor? Incrível, não é mesmo? Não somos evoluídos a tal ponto de desprezar os bens materiais, mas o fato nos faz pensar no quanto ainda estamos apegados a eles.

De repente, João Mineiro me "desperta" com sua voz. E diz como se estivesse lendo os meus pensamentos:

— Meu filho, não se impressione com o que seus olhos estão vendo. Eu estou tentando desvencilhar dos fardos que carrego há séculos. Assim, quando conseguir, nada terei que transportar...

Ainda consegui sorrir um sorriso sem graça... Eu ainda sou muito pequeno e teimoso, pois caminho pela estrada da vida "carregando" tantas coisas que me pesam...

08
Primeiro andar — fraternidade

CONFESSO AO LEITOR QUE o meu encontro com João Mineiro estava deixando-me em êxtase. As surpresas se sucediam em cada fato narrado, e em cada detalhe havia ensinamentos para toda uma vida. Eu anotava tudo para nada ficar esquecido.

O mundo se resumia em nosso diálogo. Nada havia lá fora, nada me incomodava naquele momento. Lembrei-me de Francisco de Assis que certa vez, estando a regar o jardim lhe perguntaram: "Francisco, se soubesses que o mundo vai acabar amanhã, o que farias?" E com um sorriso no rosto, serenamente ele respondeu: "Ora, eu continuaria a regar o meu jardim".

Assim eu me encontrava naquele momento, totalmente envolvido nas palavras de João Mineiro que serenamente "regava" o meu jardim sedento de aprendizado.

Entre os retratos antigos dependurados na parede da humilde sala da casa de João Mineiro, havia um quadro que me chamou a atenção. Era uma pintura de duas mãos na posição de quem ora, e eu conhecia aquela figura, mas não me lembrava quem era o autor de tão bela obra. Então, perguntei:

— Vovô, de quem é aquele quadro das mãos?

— Ah, meu filho, aquele quadro ganhei de presente de um grande amigo que já partiu para o outro lado da vida. Chamava-se padre Nilo e viveu aqui nessa cidadezinha por muito tempo. Era amado pelo povo que encontrou nele um generoso amigo, um pai para muitos e um exemplo de humildade e bondade para todos nós.

— Que bom saber que um padre tinha amizade com o senhor que é espírita e cura os enfermos com a ajuda dos Espíritos.

— O padre Nilo sabia de nossa fé e atividades espíritas. Quando ele adoecia, humildemente falava para eu pedir ajuda aos Espíritos e em especial a Dr. Bezerra de Menezes por quem ele sentia muito amor e respeito.

— Que bom saber disso.

— E digo mais, em muitas ocasiões ele mesmo mandou até minha casa algumas pessoas que estavam com influências espirituais. Nesses casos, a pessoa chegava dizendo que o padre Nilo havia falado que o caso era de "imposição" das mãos, e quem fazia isso era eu, portanto que eu atendesse em seu nome. Esse era o nosso "código" para disfarçar o conselho dele a fim de não comprometer a fé dos católicos.

— Interessante.

— Certo dia, sentados nessa sala, eu e o padre Nilo falávamos da Campanha da Fraternidade que a Igreja Católica faz todos os anos e ele destacou a importância do amor ao próximo, começando pela nossa família. E para falar da fraternidade, ele me contou a história desse quadro que achei maravilhosa.

— Ora, então conta pra mim a história desse belo quadro.

— O padre Nilo disse que no século XV, em pequena aldeia perto de Nuremberg, vivia uma família com vários filhos. Para alimentar os filhos o pai trabalhava 18 horas diárias nas minas de carvão. Dois de seus filhos tinham um sonho: queriam dedicar-se à pintura. Mas, sabiam que seu pai jamais poderia enviar algum deles a estudar na Academia. Depois de muitas conversas, os irmãos chegaram a um acordo. Lançariam uma moeda para tirar a sorte e o perdedor trabalharia nas minas de carvão para pagar os estudos ao que ganhasse. E, ao terminar os estudos, o ganhador pagaria, então, com a venda de suas obras os estudos ao que ficara em casa. Assim, ambos poderiam ser artistas. Lançaram a moeda num domingo ao sair da Igreja. Albrecht Dürer ganhou e foi estudar pintura na Academia. O irmão começou o perigoso trabalho nas minas, onde permaneceu pelos quatro anos para pagar os estudos do irmão, que desde os primeiros momentos tornou-se uma sensação na Academia. As gravuras de Albrecht, seus entalhados e seus óleos chegaram a ser muito melhores que os de seus professores. Quando se formou, já havia começado a ganhar consideráveis somas com as vendas de sua arte. Quando o jovem artista regressou à sua aldeia, a família Dürer se reuniu para uma ceia festiva em sua homenagem. Ao finalizar a memorável festa, Albrecht se pôs de pé em seu lugar de honra à mesa e propôs um brinde a seu irmão querido, que tanto havia se sacrificado, trabalhando nas minas para que seu sonho de estudar se tornasse realidade. E disse: "Agora, irmão meu, chegou a tua vez. Agora podes ir à Nuremberg e perseguir teus sonhos que eu me encarregarei de todos os teus gastos". Todos os olhos se voltaram, cheios de expectativa para o lugar da mesa que ocupava seu irmão. Mas este, com o rosto molhado de lágrimas se pôs de pé e disse suavemente: "Não, meu irmão, não posso ir a Nuremberg. É muito tarde para mim. Estes quatro anos de trabalho nas minas destruíram minhas mãos. Cada osso de meus dedos se quebrou pelo menos uma vez, e a artrite em minha mão direita tem avançado tanto que me custou trabalho levantar o copo para o teu brinde. Não poderia trabalhar com delicadas linhas, com o compasso ou com o pergaminho, e não poderia manejar a pena nem o pincel. Não, irmão, para mim já é tarde. Mas, estou feliz que minhas mãos disformes tenham servido para que as tuas agora tenham cumprido seu sonho". Mais de 450 anos se passaram desde esse dia. Hoje as gravuras, óleos, aquarelas e demais obras de Albrecht Dürer podem ser vistos em museus ao redor do mundo, mas a maioria das pessoas só se recorda de uma obra. É o dia em que, para render homenagem ao sacrifício de seu irmão, Albrecht Dürer pintou as mãos maltratadas de seu irmão, com as palmas unidas e os dedos apontando o céu. Ele chamou a esta poderosa obra simplesmente "Mãos", mas o mundo inteiro abriu de imediato seu coração à sua obra de arte e mudou o nome para "Mãos que oram".

— Que história linda!

— Encantei-me com a história e o padre Nilo prometeu trazer-me uma cópia do quadro. Disse a ele que não precisava, pois não poderia eu ver sua beleza, mas ele disse que eu a veria em sonho e outros que aqui chegassem poderiam ver as lindas mãos daquele jovem que trabalhou nas minas de carvão pelo irmão. E o padre Nilo falou que esse quadro nos faz lembrar de que ninguém faz nada sozinho.

— Muito bonita a história e também o quadro. Agora, vovô continue contando a reunião daquela noite do Jerônimo Mendonça.

E João Mineiro falou:

— Isso mesmo. Depois da oração de Netinho, ele dirigiu-se a Jerônimo dizendo da alegria em recebê-lo e que todos aguardavam com alegria as suas palavras. Vou tentar relembrar tudo que Jerônimo disse, está bem?

— Tudo bem, pode contar que vou anotando.

— Inicialmente ele disse que se sentia tal qual aquele homem que foi conduzido à presença de Jesus Cristo em uma maca. Contou que os Evangelistas narram que havia tanta gente na porta da casa de Pedro que isso impedia que carregassem o paralítico até o Mestre, por isso ergueram-no pelo telhado e com dificuldade desceram o pobre homem até o pátio onde Jesus se encontrava. E aquele homem mereceu a cura, enquanto ele, Jerônimo, ainda se encontrava acamado, pois ainda estava distante de merecer o socorro do Divino Amigo.

— Jerônimo e sua humildade...

— E ele prosseguiu dizendo que pediram a ele para fazer uma palestra sobre o que é a felicidade. E contou que certa vez lhe perguntaram o que é a felicidade, ao que respondeu que para ele que estava deitado e imobilizado há mais de trinta anos, felicidade seria poder virar de lado.

— E a gente reclamando da vida...

— É verdade. Em seguida, Jerônimo perguntou ao público se sabíamos o que era a felicidade, pois era muito fácil a resposta. E ele respondeu que aquele que desejasse saber o que é a felicidade que perguntasse a quem não tem pernas, ou a quem não tem braços. E voltando-se em minha direção disse que perguntassem a João Mineiro o que é a felicidade, pois eu diria que felicidade seria poder ver as estrelas, o luar, o sol, o jardim ou um sorriso de uma criança.

— E ele, que também não enxergava, dizendo isso... Meu Deus!

— E Jerônimo prosseguiu dizendo que todos desejam a felicidade, mas que poucos sabem como alcançar esse tesouro tão desejado. Disse que em todos os tempos a Humanidade tem procurado possuir esse talismã através da riqueza, do poder, da fama ou da beleza física. Mas, mesmo depois de possuir tais posses, muitos se veem infelizes, fracassados e frustrados em seus sonhos de felicidade. E disse que os homens pensam que a felicidade mora nos palácios, em mansões ou apartamentos enfeitados de luxo e riquezas. Mas que há infelizes em todas as camadas sociais e gente feliz mesmo não sendo possuidor de tantos benefícios.

— E é verdade. Há ricos felizes e infelizes, como há pobres felizes e inconformados. E há até os que se matam, mesmo sendo ricos ou não.

— E por isso Jerônimo disse que a felicidade não depende do que se tem em patrimônio, e sim do que temos no coração. E foi então que ele usou aquele símbolo que lhe falei. Ele disse que a felicidade mora no último andar de um edifício, e para alcançá-la é necessário passar em cada andar e ir subindo, conquistando as virtudes pouco a pouco. E brincou dizendo que nesse edifício não havia elevador, por isso teríamos que subir degrau a degrau.

— Que símbolo interessante. Então, passando em cada "andar" desse "edifício", estaremos conquistando as virtudes necessárias para ser feliz?

— Exatamente. E assim ele começou a contar que por ignorar essa necessidade de conquistar um pouco dessas virtudes ou por descuido é que muitos desejam a felicidade e não a conquistam.

— Então, felicidade é a soma de algumas virtudes que precisamos ter?

— Você está entendendo direitinho.

— Então continue, quero saber que virtudes são essas para começar a subir esse edifício e ser feliz.

— Todos nós precisamos disso. Jerônimo disse que para alcançar a felicidade é necessário conquistar um pouquinho das virtudes do edifício que ele exemplificou. Para ser feliz não basta querer, é preciso possuir os requisitos no coração. E no primeiro andar do edifício está a fraternidade. Ele disse que é impossível ser feliz sem a fraternidade. É preciso ser fraterno com o próximo, pois essa virtude é o primeiro passo da caminhada até a meta. Ter ética, agir com boas maneiras no dia a dia é o princípio de uma sociedade feliz. Ser fraterno é ceder o lugar no ônibus, é ser educado no trânsito, nas filas dos bancos e repartições públicas, ser gentil com os mais idosos, com os doentes e as crianças. Fraternidade é uma e a mais simples das condições básicas para se alcançar a felicidade.

— E é verdade. Como a gente não entende isso?

— Então, ele disse que por faltar com a fraternidade é que vemos a irritação manifestada em muita gente em qualquer lugar. Quase ninguém cede nem mesmo o ponto de vista. Todo mundo quer ser feliz, mas nessa busca, a maioria das pessoas age isoladamente, como se fosse possível ser feliz sozinho. O Jerônimo disse que é impossível alcançar a felicidade sem a fraternidade. É preciso que as pessoas entendam que são interdependentes, ou seja, enquanto existir a miséria, a dor e a injustiça, a felicidade não estará com ninguém. O problema do próximo é também do outro, a dor de qualquer um é a dor de todo mundo. Mas, disse ele, ainda predomina em muitos corações aquele conceito: "não tenho nada a ver com isso". Ora, a pessoa pode cercar-se de altos muros, cerca elétrica, cães, guarda-costas, no entanto se não houver fraternidade no seu coração ela viajará pela vida com um sentimento de insatisfação, e sentirá de vez em quando um vazio que não saberá o motivo.

— É verdade. Não adianta se isolar.

— E ele disse que o ser humano foi criado para viver em sociedade, por isso todo aquele que se isola perde a referência do certo e errado. É no convívio social, sendo levado a aceitar as diferenças que o homem vai progredindo. Jerônimo disse que a palavra fraternidade provém do conceito de irmãos, portanto ser fraterno nada mais é do que tratar o outro como se fosse um irmão de sangue. Ele disse que a fraternidade faz bem primeiro a quem a pratica e afirmou que todo mundo sabe disso, pois todos nós temos a experiência de ter agido com delicadeza em alguma oportunidade. Disse que um gesto simples de socorrer alguém necessitado, prestar algum favor, dar uma carona ou ofertar um copo de água propicia-nos o bem-estar imediatamente. Ele disse que são esses gestos simples que fazem com que a pessoa sinta-se humano e útil no meio em que vive. Quando esse procedimento fizer parte do comportamento cotidiano, toda pessoa começará a sentir-se feliz. É uma Lei Cósmica, disse Jerônimo, instituída por Deus: fazendo o bem é que nos sentimos bem. Por isso, repetiu ele, é impossível alguém ser feliz se não for fraterno.

— Então, no primeiro andar desse edifício mora a fraternidade?

— Exatamente.

— Por que o Jerônimo colocou a fraternidade no primeiro andar?

— Ele disse que é o princípio das atitudes nobres. A fraternidade é a base do amor, pois é com ela que principiamos nas virtudes da tolerância, da educação, da ética e tantas outras. Ele disse que a fraternidade é uma das virtudes mais fáceis de se conquistar, por isso está no primeiro andar da evolução humana e também da conquista da felicidade.

— Jerônimo está certo. Como vou conseguir ser feliz se eu não for fraterno com o meu próximo? Os pequenos gestos podem não significar muito, mas sem eles nossa sociedade voltaria à barbárie.

— É verdade. Ser fraterno é como doar-se, é ceder ao outro. É um sair de si e tirar algo de dentro da gente, é como doar sangue. E desse ato tão singelo nasce algo divino como um sorriso de gratidão, uma lágrima que molha o rosto ou uma lembrança jamais esquecida.

— Precisamos ser fraternos, caso contrário não seremos felizes. Acho que estamos tão envolvidos com nossos próprios problemas e desafios que muitos acabam se transformando em robôs que não enxergam, nada sentem e não vivem.

— Infelizmente, você está certo. Jerônimo disse que a fraternidade é uma virtude que usamos e crescemos por dentro, que ganhamos sem saber muito bem como funciona. A fraternidade, disse ele, é algo assim como a vela que acende outra sem nada perder de si mesma. Por faltar a fraternidade muitos agem com indiferença para as lágrimas de quem está perto, pois ninguém tem tempo para um diálogo, uma informação ou para prestar um pequeno favor. O sentimento de "não tenho nada a ver com isso", ou "não posso agora", ou "não é problema meu" está tomando conta dos corações mais insensíveis.

— Vovô, a humanidade age assim por pensar que cada um deve resolver os seus problemas.

— Sim, cada qual tem suas responsabilidades, no entanto as dificuldades surgem, os tropeços acontecem, as injustiças são feitas, e é nessa hora que a fraternidade deve agir. Jerônimo disse que aquele ditado "cada um pra si e Deus pra todos" é a mais pura manifestação de egoísmo. E disse que muitos já pensam assim: "cada um pra si e Deus pra mim".

— Nunca pensei nisso, mas tem gente que quer Deus só pra si mesmo.

— É cômico, mas também trágico. E por falar nisso, nosso querido amigo Jerônimo completou a parte da fraternidade contando uma história que é algo trágica e cômica ao mesmo tempo.

— É mesmo? Então conte.

— Ele contou que um fazendeiro estava decidido a pegar um ratinho que andava pela sua casa. Assim, certo dia ele chegou da cidade trazendo uma grande ratoeira e ao vê-la, o ratinho ficou desesperado, por isso pensou em pedir ajuda aos amigos da fazenda. Foi até o galinheiro e falou com a dona galinha, mas ela logo o dispensou dizendo que ratoeiras não eram problema dela. O ratinho então foi até o chiqueiro e pediu ajuda ao porco, e este, da mesma forma respondeu que o deixasse em paz e falou ao ratinho que ele deveria cuidar de seus problemas e não ficar atormentando os outros. Já quase em desespero, o ratinho procurou a dona vaca no curral e esta o tratou com desprezo afirmando que ela nada tinha a ver com isso. Então, muito triste o ratinho voltou à sua toca e ali ficou olhando a ratoeira e pensando em como resolver aquela situação. À noite, o barulho da ratoeira acordou a dona da casa que levantou gritando que haviam prendido o ratinho, e sem acender a luz foi até o local onde haviam colocado a armadilha. Ao se aproximar ela foi picada por uma cobra que ficara presa na ratoeira. Os gritos da mulher acordaram o marido que correu para a cidade em busca do médico que chegou e imediatamente aplicou o remédio na paciente. Naquela noite, a empregada da fazenda precisou preparar uma sopa para a doente e resolveu fazer uma canja de galinha. Então, foi até o galinheiro e matou a galinha. No final de semana chegaram os parentes para ver a mulher que já estava se recuperando, e para alimentar tanta gente o fazendeiro resolveu matar o porco. Passado um mês, a fazendeira estava totalmente recuperada e o marido resolveu fazer uma grande festa, e para tanto decidiu fazer um churrasco sacrificando a vaca. Com tanta movimentação, acabaram esquecendo do ratinho. A galinha, o porco e a vaca negaram socorrer o ratinho e foram atingidos mortalmente, mesmo afirmando não ter nada a ver com seu problema.

— Essa história é fantástica. E como o senhor falou, ela é trágica e cômica.

— É verdade. E Jerônimo afirmou: meus amigos, cuidado ao afirmar que a dor do outro não é problema de vocês, pois poderão ser os primeiros a serem atingidos.

— Vou contar essa história em minhas palestras. É muito interessante.

— Conte mesmo, meu filho. É preciso entender que sem a fraternidade não conseguiremos ser felizes.

09 Segundo andar — compaixão

A NOSSA CONVERSA SEGUIA com alegria. Os ensinamentos de Jerônimo deixavam-me maravilhado e ainda estava apenas no início. Eu me perguntava o que estava por vir. Muito, muito mais...

— Vovô, e o que está no segundo andar do edifício?

— Compaixão.

— É mesmo?

— Sim, meu filho. O Jerônimo disse que agindo com fraternidade, logo percebemos o quanto os gestos simples nos faz bem. E com o passar dos dias, nosso desejo será de sermos ainda melhores, ou seja, mais educados e consequentemente nascerá o sentimento da compaixão. Assim, aquele que se dispõe a ser fraterno, naturalmente sentirá que precisa avançar um pouco mais e começará a sentir compaixão pela dor alheia.

— E aí ele vai para o segundo andar na subida da evolução dos sentimentos?

— Exatamente.

— E começa a se sentir mais feliz?

— Você está entendendo e seguindo direitinho o raciocínio de Jerônimo.

— Nossa, é incrível isso!

— E ele prosseguiu dizendo que infeliz é quem diz ao que errou que ele está apenas colhendo o que plantou. E diz que quem errou deve mesmo é pagar pelos seus erros, que deve sofrer assim como fez outros sofrerem. Jerônimo disse que aquele que não tem compaixão é impermeável às lágrimas de quem chora, aos gritos de dor de quem sofre. E ele perguntou ao público: "Como ser feliz sentindo e dizendo: bem feito, ou eu falei que ia dar errado, agora sofre".

— E quantos são assim, não é mesmo?

— No entanto, aquele que age e pensa assim não é feliz. Por isso dizem que uma das partes mais importantes do corpo humano são os ombros quando os ofertamos ao que sofre. Subindo para o segundo andar em busca da felicidade, começamos a sentir que não basta fazer o bem, é necessário compadecer-se daquele que caiu nas valas da dor.

— Meu Deus, que lindo. Eu estou lembrando de um poema maravilhoso que retrata bem o que Jerônimo ensinou sobre a fraternidade. Esse poema é de Bertolt Brecht, dramaturgo e poeta alemão que viveu no século passado. Ele diz: "Primeiro levaram os negros, mas não me importei com isso. Eu não era negro. Em seguida levaram alguns operários, mas não me importei com isso. Eu também não era operário. Depois prenderam os miseráveis, mas não me importei com isso, porque eu não sou miserável. Depois agarraram alguns desempregados, mas como eu tenho um emprego, também não me importei. Agora... Agora estão me levando. Mas já é tarde. Como eu não me importei com ninguém, ninguém se importa comigo".

— É um texto dramático, verdadeiro e triste...

— É mesmo.

— Jerônimo continuou dizendo que a felicidade sem a compaixão é impossível. Viver isolados como ilhas, indiferentes ou frios com os problemas do próximo, causa solidão, depressão, indiferença. Jerônimo disse que não pode ser feliz uma sociedade que aceita com naturalidade o andarilho faminto e sem destino, a criança desprotegida e sem futuro, o idoso esquecido e doente, os pobres sem apoio e sem valor, além das minorias que são consideradas párias da sociedade. Ele disse que a felicidade não estará nos corações enquanto a Humanidade como um todo e cada um em particular não sentir compaixão por quem sofre.

— Como ainda somos ignorantes, não é mesmo?

— Ele continuou dizendo que aquele que não tem compaixão age com indiferença. É por isso que a maioria age no "salve-se quem puder". É preciso viver sabendo que estamos no mesmo barco e por isso devemos nos envolver com a vida do outro, perguntar como vai, romper a barreira da indiferença e ter "olhos de ver e ouvidos de ouvir", como nos ensinou Jesus. Quando agirmos com fraternidade e sentirmos compaixão, nos sentiremos bem conosco mesmos, chegaremos à nossa casa no final do dia e algo dentro de nós vai fazer com que a gente se sinta gente. Vamos nos sentir em paz com a nossa consciência, olhar no espelho sem medo, sem sentir vergonha de nós mesmos.

— Que lindo. É preciso entender que estamos expostos às mesmas experiências, às mesmas provações e aos mesmos aprendizados.

— E que, se hoje não estou sofrendo, amanhã poderá acontecer algo comigo e como consequência estarei necessitando do socorro alheio.

— Eu me lembro de uma frase de Everett Hale que diz: "Eu sou apenas um, mas sou alguém. Não posso fazer tudo, mas posso fazer alguma coisa. Tenho o dever de fazer tudo o que posso e, com a ajuda de Deus, serei capaz". Não é isso que causa a fraternidade e a compaixão?

— É isso mesmo. As almas mais evoluídas que passaram pela Terra viveram assim, mostrando ao mundo como ser feliz. Observe que esses homens e mulheres geniais que iluminaram a vida de milhões de pessoas estiveram envolvidos com o bem-estar do outro, sem se preocupar em ser feliz, embora o fossem, exatamente por isso. Nada exigiam, mas exemplificaram em seus gestos e palavras qual é a fórmula da felicidade.

— Eu penso que esses homens e mulheres buscavam ser o que falavam, procuravam viver o que ensinavam, não é mesmo?

— Por falar nisso, eu me lembro de uma história que me contaram sobre o valoroso Gandhi. Certa vez ele foi procurado por uma mãe que levou o filhinho consigo e lhe disse: "Gandhi, este menino come muito açúcar. Já tentei de tudo e não consigo que ele pare com isso. Como ele gosta muito de você, com certeza irá obedecê-lo. Por favor, peça para que ele pare de comer açúcar". Gandhi pediu àquela mãe que voltasse uns quinze dias depois. Tempo decorrido, a mãe o procura novamente e Gandhi olha o menino com carinho e diz: "Pare de comer açúcar". O menino baixou a cabeça, mas fez sinal de que iria obedecer. A mãe não entendeu nada daquilo e perguntou intrigada: "Gandhi, por que você não falou isso há quinze dias atrás?" E ele respondeu: "É que há quinze dias atrás eu também comia muito açúcar".

— Isso sim, é lição a ser aprendida, pois foi acompanhada pelo exemplo, não é vovô? E a maioria das pessoas exige do outro o que ainda não possui.

— Falta-lhes a fraternidade e a compaixão.

— E querem ser felizes...

— Isso é impossível.

— É preciso subir o edifício...

— Mas, dizem, é difícil...

— É por que querem tudo fácil.

— Como se fosse mágica. Quero ser feliz, e num zap: "estou feliz". Não é assim?

— Um desses grandes homens que o senhor falou que viveu e morreu exemplificando a fraternidade e a compaixão foi Luther King. Ele disse: "Temos aprendido a voar como os pássaros, a nadar como os peixes, mas ainda não aprendemos a sensível arte de viver como irmãos".

— Mataram Luther King por falta de compaixão. Meu filho, o Jerônimo disse que com esse belo sentimento não haveria bombas caindo, armas sendo fabricadas, mísseis apontados para nações "inimigas". Os recursos dos países seriam direcionados para a saúde, educação e bem-estar de todos. Não faltaria merenda escolar nas escolas, remédios nos hospitais e alimento na mesa de ninguém. Mas, gastam-se bilhões de dólares em armamentos e na corrupção. Por isso dizem que a maior distância que existe é aquela entre o coração e a mente dos homens.

— É muito longe mesmo... entre o coração e a mente a "caminhada" é longa...

— É subida...

— É difícil...

— Subir degrau a degrau...

— Vovô, não tem elevador nesse edifício?

— Não, não tem. E encerrando suas palavras sobre a compaixão, que é o segundo andar, Jerônimo contou que certo homem viveu sem nunca ajudar ninguém. Jamais doou uma moeda sequer e não amparou a quem quer que fosse. Odiava os animais e não se sentia obrigado a prestar favor nenhum. Assim viveu até o último dia de sua vida quando partiu para o outro lado, e lá ele se viu dentro de um profundo e escuro buraco, sem a menor possibilidade de sair. Anos se passaram e ele sempre envolvido na revolta e acusando a Deus por seu destino ingrato. Até que um dia, ele reconheceu que merecia mesmo ficar naquele lugar, pois jamais em sua vida na Terra demonstrara amor. Depois de muito sofrer, aquele homem sentiu remorso e pediu perdão ao Pai Celestial. Chorou sentidas lágrimas que lavou sua alma sofrida e, nesse momento, pediu em prantos a Deus que lhe enviasse um Anjo para ajudá-lo a sair daquele buraco. De repente, aquele lugar foi iluminado pela luz de um Espírito Superior que lhe apareceu e, compadecido lhe perguntou: "Meu filho, suas preces foram ouvidas pelo Pai Supremo. O que você deseja?" Aquele homem se encheu de esperança ao ver o Anjo e imediatamente bradou: "Enviado celeste, por misericórdia ajude-me a sair desse lugar". Então, o espírito perguntou: "Meu filho, em sua vida alguma vez demonstrou um gesto de amor em favor de alguém?" Desesperado, o homem buscou em sua memória e nada encontrou que pudesse contar. "Algum pedaço de pão, um copo d'água, uma informação, um bom conselho, qualquer coisa, meu filho, que tenha favorecido alguém?", perguntou o anjo. Nada, nunca fez nada para ninguém. E o homem ouviu: "Basta, meu filho, que me conte um gesto, por pequenino que seja e você sairá daqui. Conte-me, então, algo que tenha feito pelos animais". "Eu detestava os animais" – gritou o homem. "Então, será que você fez qualquer coisa pelos insetos? Por favor, meu filho, já que você nada fez pelos homens e nem pelos animais, será que algum dia você socorreu um inseto?" Os olhos do desesperado homem ganhou novo brilho, pois ele se lembrou de alguma coisa, e em prantos de desespero, ele contou: "Sim, eu me lembro que certa vez, atravessando uma floresta surgiu em minha frente uma aranha, e pensei em matá-la, mas preferi deixar que ela seguisse seu caminho". O anjo então disse: "Meu filho, lembre-se dessa aranha e olhe para cima. É ela quem irá te tirar desse lugar. Veja, vem descendo um fio de aranha. Agarre-se a esse fio e suba, meu filho. Você não matou a aranha e ela hoje vai te salvar". O homem começou a subir e em alegria incontida visualizou os raios do sol que não via há muitos anos. Ao chegar próximo à saída, ele olhou para baixo e viu que outros estavam também subindo pelo mesmo fio, saindo daquele lugar de sofrimento. Imediatamente, o homem começou a chutar os que estavam abaixo, e um a um ele foi derrubando, gritando que aquele fio era seu e que ninguém tinha o direito de aproveitar-se dele. Assim, ao se ver sozinho no fio, este arrebentou e o homem voltou para o fundo do buraco.

— Que falta de compaixão, meu Deus.

— Exatamente. Falta de compaixão. Foi isso que lhe faltou para sair do buraco. E Jerônimo encerrou dizendo que para ser feliz é preciso sentir compaixão pelos que estão sofrendo. Que saibamos promover a alegria, a esperança, o sucesso e a felicidade do próximo, pois ninguém consegue ser feliz sozinho.

10 Terceiro andar — desprendimento

EU ESTAVA CADA VEZ MAIS envolvido na história do "edifício" que o Jerônimo havia contado. E João Mineiro envolvia-me de um modo que eu nem percebia o tempo passar. Então, perguntei:

— E o terceiro andar, o que é vovô?

— Ahhhhhhh – suspirou ele – o terceiro andar é também imprescindível para aquele que deseja alcançar a felicidade. Jerônimo disse que ninguém consegue ser feliz sem conquistar o desprendimento. E ressaltou que essa virtude deve ser entendida de uma forma ampla, pois não se trata somente do dinheiro. Devemos nos desprender também da posse do poder, de cargos, do dinheiro e das pessoas. A avareza é um sentimento que diz respeito a muitas das nossas atitudes.

— É verdade, pois Emmanuel diz que somos tão pães-duros, mas tão pães-duros que não damos nem o braço a torcer.

— É verdade. E Jerônimo prosseguiu dizendo que uma das causas da infelicidade das pessoas está no apego exagerado que acaba causando atitudes mesquinhas de egoísmo. Ele disse que a busca por conquistar os bens materiais é natural, porque o desejo de progredir é uma Lei que o Pai Celestial deixou dentro de nós. Portanto, não é erro possuir e sim apegar-se com exagero, pensando que as coisas são nossas e que jamais as deixaremos. Ressaltou ainda que quando Deus nos concede a conquista de riqueza, assumimos um compromisso com o próximo, a fim de promover oportunidades de alegrias, empregos e promoção do bem-estar das pessoas, e não somente para nós.

— Mas ainda somos apegados demais ao dinheiro. Afinal, nenhum de nós deseja viver em dificuldades ou suprimir as nossas necessidades, mesmo as de menor importância.

— Não é necessário suprimir vontades, renunciar ao patrimônio ou privar-se de possuir bens materiais. No entanto, todos concordam que têm coisas que o dinheiro não pode comprar.

— Sem dúvida nenhuma. Mas, não conseguimos viver sem o dinheiro, não é mesmo?

— Ele disse isso e destacou ser importante nosso crescimento em todos os sentidos, tanto moral, material e espiritual. A independência financeira é essencial à paz de espírito e à felicidade. O trabalho, a moradia, a saúde e a família é fator imprescindível ao ser humano para que ele tenha uma vida saudável. Mas, o que o Jerônimo ressaltou é o apego, a avareza que faz com que nos tornemos egoístas e indiferentes ao sofrimento do próximo.

— A avareza nos torna sórdidos, excêntricos, mesquinhos... Sei lá, o apego causa sofrimento e solidão. Eu me lembrei de uma história de Esopo, que viveu no século VI a.C. Conta Esopo que havia um homem extremamente zeloso dos seus haveres e decidindo resguardar-se do perigo de prejuízos, tomou uma decisão. Vendeu todos os seus bens e comprou alguns quilos de ouro e fundiu em uma única barra. Em seguida enterrou-a em uma mata fechada. Todas as noites, ele ia até lá, desenterrava a barra e ficava ali, solitário, contemplando em êxtase o seu tesouro. Um dia ele foi seguido por um bandido. Quando ele se afastou após a adoração rotineira, o ladrão desenterrou o ouro e fugiu. O avarento quase enlouqueceu tamanho o seu desespero. Um vizinho, ao saber do fato, disse: Não sei por que está tão transtornado. Afinal, se no lugar do ouro estivesse uma pedra seria a mesma coisa. Aquela riqueza não tinha nenhuma serventia para você.

— É assim que acontece com o avarento. Sua riqueza de nada serve, ou só ele usufrui. Há o avarento que coleciona algum objeto e passa a vida ajuntando, esquecendo-se que o que deveria ser um hobby acabou tornando-se uma obsessão. Há avarentos pelo poder que são capazes de tudo, corrompem, humilham, ou se vendem para alcançar ou permanecer em cargos públicos ou em grandes empresas. Há avarentos por pessoas que se tornam tão ciumentos que caso venham a perder a pessoa amada são capazes de cometer crimes passionais. Existem os que são apegados às opiniões, como disse Emmanuel que vão aos tribunais para defender seus pontos de vistas. Enfim, o exagero do apego somente causa sofrimentos a si mesmo e aos outros.

— Infelizmente, o grande desejo da Humanidade ainda é o ouro.

— Desejam transformar tudo em ouro.

— Ora, eu me lembrei de Midas.

— Midas. Já ouvi algo a respeito, mas não me lembro.

— Midas, o rei da mitologia grega, lembra-se?

— Ah, sim, aquele que gostava de ouro?

— Isso mesmo. Midas era um rei completamente apaixonado por dinheiro e, apesar de milionário, queria ter sempre mais para se tornar a pessoa mais rica do mundo. Ele cuidou de um amigo e como recompensa, Baco lhe ofereceu a realização de um desejo. Então, Midas pediu o poder de transformar em ouro tudo o que tocasse. E assim foi feito. Tudo que Midas tocava virava ouro. Voltando ao seu reino, pegou uma pedra e ela virou ouro. Tocou num galho de árvore e ele virou ouro. Seus cavaleiros ficaram sobrecarregados de tanto transportar ouro. Chegando ao palácio, mandou servir um jantar com todo requinte, mas ele levou um choque e a realidade tornou-se cruel. Todo alimento que seus lábios tocavam virava ouro. Até a água transformou-se em ouro. Então, percebeu a loucura do seu desejo, pois nem em sua cama macia podia deitar-se ou mesmo tomar banho. O rei Midas voltou a procurar Baco e pediu que tirasse dele esse poder. Baco orientou-lhe que se lavasse no rio Pactoros e, com efeito, depois do banho ele perdeu o poder de transformar tudo em ouro. A consciência dessa transformação fez com que Midas abandonasse sua ambição material e passasse a viver de maneira mais simples e afetiva.

— Essa história é muito certa. E eu lhe digo mais, há muitos Midas modernos, viu? Eles trocam tudo pelo dinheiro.

— É verdade. Infelizmente o homem moderno está "trocando" a família, o bem-estar, a tranquilidade, a honra e a paz pelo dinheiro.

— O luxo pelo lixo.

— O luxo pelo lixo? Meu Deus... Como assim?

— Tudo isso o Jerônimo nos alertou. Muitos trocam sua família, a paz da consciência, ou o bem-estar que são luxo pelo lixo da ambição, do apego exagerado, das noites de insônia para alcançar o poder. Ele disse que o homem avarento jamais conseguirá ser feliz. Disse ser impossível àquele que é apegado em exagero alcançar a felicidade, pois isso o separa das pessoas e lhe causa solidão. E chegará o inevitável momento de deixar tudo, e nessa hora ele sofrerá tanto de cá quanto do outro lado da vida.

— Quase todo mundo julga que ser feliz é ter dinheiro.

— E não tê-lo é uma tragédia, meu filho. Como Jerônimo disse, em nosso mundo ele é essencial, indispensável e é fator de progresso para todos. É por causa dele que trabalhamos, pois todos querem uma casa melhor, uma vida mais saudável, passeios, roupas bonitas, carros e todo o luxo possível. É isso que move o mundo empurrando o homem a buscar sempre o que ainda não tem. É por isso que ele inventa objetos, vacinas e remédios que melhoram nossas vidas. Com a vontade de melhorar e progredir ele renova, melhora e modifica a vida ao nosso redor. Mas, a avareza faz com que ele se perca e não seja feliz. Acho que foi Franklin, estadista americano que disse: A avareza e a felicidade jamais se encontraram; não podem, portanto, se conhecer.

— É. Realmente somos muito apegados a tudo. E a gente sabe que nada levaremos, mas mesmo assim...

— Muita gente gostaria de colocar gavetas no seu caixão e ali levar os seus bens. É verdade, meu filho. O Jerônimo disse que somos tão apegados que muitos, quando vão redigir seus testamentos não dão nada para ninguém.

— Ora, vovô. Como não dão nada?

— Jerônimo disse que nos testamentos está escrito: deixo minha casa, deixo minha fazenda, deixo meu carro. O "morto" só está "deixando", ele não está "dando".

— Isso é demais...

— E se o "morto" acreditava em reencarnação, mais motivos terá para apenas "deixar", pois ele vai voltar e querer de volta.

— O Jerônimo era mesmo muito cômico. Jamais havia pensado nisso. Então, não damos nada a ninguém, apenas "deixamos"?

— Eu já estou pensando em meu testamento, sabia?

— Ora, vovô, não fale assim. O senhor ainda vai comer muito feijão.

— Posso incluir você em meu testamento?

— Vamos mudar de assunto?

— Ora, eu preciso "deixar" algum patrimônio aos meus herdeiros. Estou pensando para quem vou "deixar" minhas dívidas...

— Hahahaha... É esse o seu patrimônio?

— E é grande, você quer participar da partilha?

— Eu agradeço. Pode "deixar" para outros herdeiros.

— Meu filho, agora falando sério, o homem ainda precisa ser rico para saber que não precisa ser rico.

— Precisamos ser ricos para saber que não precisamos ser ricos. Isso é lindo, vovô. Quando aprenderemos isso?

— Vivendo muitas vezes, sendo ricos, pobres, poderosos e operários. Alternando as situações de mandar e obedecer, sendo ricos e pobres, algumas vezes ter o poder e a obscuridade. Só assim, aprendendo com a beleza de ter e de não ter dinheiro, com a oportunidade de mandar e obedecer, de ser famosos ou passarmos despercebidos da sociedade. Assim, depois de viver em cada situação e posição social, aprenderemos o real valor das coisas. Aprenderemos a ter muito dinheiro e a não ter tanto, sem que isso nos cause sofrimento. O dinheiro é abençoado somente nas mãos dos bons.

— É isso mesmo, pois o dinheiro em si é apenas papel. Ele é bom nas mãos dos bons e é um mal nas mãos dos maus.

— Jerônimo disse que o ideal não é uma sociedade de pobres e famintos. Isso é produto de um planeta atrasado como o nosso. Disse que um dia, quando o homem se transformar, não haverá fome, guerras, injustiças sociais, miseráveis, andarilhos, abandonados e revoltados.

— Para que isso aconteça, precisamos começar a "subir" o "edifício", não é mesmo?

— Para sermos felizes, somente fazendo isso.

— Nós chegamos ao terceiro andar. Então, conforme Jerônimo disse, é impossível ser feliz sem fraternidade, sem compaixão e sem desprendimento?

— Isso mesmo. Nesse ponto da nossa "subida" começamos a entender que os valores da alma imortal são mais importantes que qualquer outra coisa. Os "tesouros" do nosso coração enriquecem nossas vidas, e mesmo os mais humildes poderão usufruir uma vida feliz.

— Por falar em tesouros do coração, eu me lembrei de Bias de Priene, que viveu no século VI a.C. Quando Ciro

II, o Grande, ambicioso rei persa iniciou suas guerras de conquista, estabelecendo um dos maiores impérios da Antiguidade, as cidades gregas estavam em seu caminho. Em breve, Priene foi sitiada. Instalou-se o pânico e os moradores começaram a fugir. Cada qual tentava carregar o máximo de pertences possível. A confusão era enorme, ânimos exaltados, choro e gritos em excesso. Havia uma exceção: Bias que deixava a cidade tranquilamente, sem carregar nada. Os seus amigos estranharam sua atitude e alguém perguntou: – e os seus bens? – Trago tudo comigo, respondeu Bias de Priene. Com a resposta, ele referia-se aos seus valiosos tesouros de cultura, conhecimento e virtude.

— Que linda história. E esse Bias de Priene viveu há 2.600 anos atrás?

— Isso mesmo.

— Ele já era desprendido. Já havia superado os três andares do "edifício".

— Certamente.

— Vamos tomar um cafezinho, meu filho?

— Com pão de queijo?

— Ora, mineiro que é mineiro sempre tem um cafezinho e um pão de queijo em casa, uai.

— Então, por que ainda estamos conversando?

11

As belezas ocultas

QUANDO EU SAÍ DA CASA de João Mineiro passava das onze horas da noite. Eu me sentia quase em êxtase e por isso fui assobiando baixinho pelas ruas da cidadezinha.

Cheguei na pensão e fui logo deitando, mas o sono não chegou. Fiquei assim por muito tempo, relembrando de tudo que eu tinha aprendido naquela noite. Tudo que o Jerônimo havia falado era verdadeiro. Todo mundo quer ser feliz, mas poucos estão dispostos a "subir" no edifício das virtudes, sacrificar-se por uma causa, dedicar-se ao aprendizado íntimo ou à própria educação. E é exatamente isso que proporciona a felicidade.

Falando comigo mesmo, me perguntava das razões de nossa cegueira, muito embora eu saiba que a causa seja nosso atraso espiritual. Mas, por que não aceitamos as lições que a vida nos oferece? Por que, na escola da vida, somos alunos tão relapsos? A vida é maravilhosa de viver... Por que o homem, de uma maneira geral ainda se complica e causa sofrimentos a si mesmo e aos outros?

Jesus nos alertou dizendo: ouça quem tem ouvidos de ouvir e veja quem tem olhos de ver. Isso parece pleonasmo, mas não é. A verdade é que nossos olhos não veem a essência da vida e nossos ouvidos não captam os sons da alma.

Dizem que esses sons só são percebidos pelos que escutam com o coração. Você pode achar estranho isso, mas é verdade. Para ouvir os bons conselhos é necessário aguçar os canais do coração. E só aprende as lições da vida aquele que está atento para ouvir o que não foi pronunciado.

Muitos não veem as belezas do mundo. Os sinais que a natureza nos envia no dia a dia com o orvalho da manhã, o cair da chuva mansa, o sol que se põe no horizonte, são detalhes que poucos compreendem. A beleza das asas de uma borboleta, o cantar dos pássaros, as cores das plantas e o perfume das flores. Tudo e muito mais está aí enfeitando os dias e as noites, mas ainda somos cegos e surdos...

Fechei os olhos e pude ver perfeitamente o rosto de João Mineiro, sereno, mas marcado pelo tempo e com os olhos mergulhados na escuridão. No entanto ele era cheio de vida. Acho que deveríamos olhar as rugas do rosto como marcas das alegrias e vitórias e não da velhice que amedronta. Procuramos a beleza do diamante e a perfeição do rosto de uma mulher, mas todo rosto tem suas belezas ocultas, sua história e suas lembranças.

O mundo ainda julga o homem pelo que ele tem e pelo que ele é. Mas, as belezas da alma não são percebidas pelos olhos físicos, por isso o mal tantas vezes nos engana e sai vitorioso no jogo da vida. As aparências enganam, diz antigo ditado, pois não ficamos atentos e acabamos caindo nas redes dos astutos.

E falando em aparência, eu me lembrei da história do patinho feio. É antiga, mas tão atual. Conta-se que um patinho se sentia muito feio perto dos seus irmãos, pois era o único que não se parecia com os outros. Assim, foi crescendo e sua tristeza aumentava mais, até que já quase adulto, ele percebeu que era um cisne e não um pato. E os outros perceberam o quanto ele era bonito, enquanto todos eles não passavam de patos feios.

Há homens e mulheres vestidos em corpos que não se destacam por conta dos padrões de beleza instituídos pela sociedade. Mas, quando desencarnam, seus Espíritos resplandecem luz e beleza, enquanto outros que desfilavam suas feições quase perfeitas aqui na Terra, ao chegarem ao mundo espiritual se veem com as feições modificadas. É preciso cuidar do corpo, sim, mas que não esqueçamos do nosso Espírito imortal.

Eu estava ali deitado e sem sono relembrando tudo que conversamos, quando pensei no corpo doente de Jerônimo Mendonça. Por trinta anos deitado, impossibilitado de andar, mas não de trabalhar no Bem. Tinha somente os lábios e o coração e ainda assim realizou uma obra fantástica. Não podia ver a luz do dia, mas enxergava a essência da vida e a luz das pessoas.

Sei que no Mundo Espiritual recuperou seus movimentos e seus olhos brilham novamente. E por onde passa, pelas Casas Espíritas de todo o Brasil, Jerônimo se apresenta como o Pássaro Livre. Os videntes veem sua luz, médiuns captam sua voz e psicógrafos escrevem suas letras.

Enquanto estava do lado de cá, seu corpo impedia seus

movimentos, no entanto todos testemunharam sua alegria contagiante, sua fé que jamais vacilava e sua disposição para servir e amar. E do outro lado da vida, ainda é o mesmo Jerônimo Mendonça, apenas que agora seu corpo não mais o impede de agir como sempre desejou e sua luz, agora não tão oculta, ilumina aqueles que dele se aproxima.

E por falar em belezas ocultas, Jerônimo conta que certa vez chegou em Tupaciguara, cidade do Triângulo Mineiro e concedeu uma entrevista na Rádio Rural, e falou sobre a campanha pela construção do Centro Espírita Seareiros de Jesus. Mais tarde, quase 18 horas, apareceu uma senhora idosa de 76 anos que andava apoiada em seu bastão. Conduzida até Jerônimo, ela lhe falou num tom de profunda bondade:

— Olha, você com todas essas dificuldades trabalhando ativamente para construir um centro espírita, tocou muito forte o coração desta velha que já se despede dessa Terra. Que vergonha para nós, que somos perfeitos e nada fazemos. Moro distante, meu filho, não tenho quase nada. Mas, não podia deixar de oferecer-lhe meu auxílio. Trouxe-lhe meia dúzia de ovos para o senhor tomar como gemada e ficar mais forte. O senhor precisa continuar falando e iluminando as almas com as verdades de nossa doutrina querida. É pouco o que lhe ofereço, mas de todo o coração.

Que alma bela, você não acha, caro leitor? As belezas ocultas estão por toda parte, porém quem tem olhos de ver, como disse Jesus? É preciso estar atento ao que está ao nosso lado, caso contrário passaremos a vida sem perceber seus encantos.

As pessoas pensam que é necessário ter isso ou aquilo

A FÓRMULA DA FELICIDADE — 101

para ser feliz. No entanto, não será possuindo riquezas que seremos felizes, pois vemos todos os dias ricos e famosos se matarem, outros se matando aos poucos nos vícios da droga e do álcool e ainda aqueles que se entregam à depressão. Portanto, não é preciso ter coisas para ser feliz, e sim ser feliz de qualquer jeito. Tudo que tivermos será bom ou ruim conforme nosso coração for bom ou ruim.

A escritora americana Agnes Repllier disse que "não é fácil encontrar a felicidade dentro de nós, e é impossível encontrá-la em qualquer outro lugar". Perfeito, não é mesmo, caro leitor? Portanto, que comecemos a ficar mais atentos às belezas ocultas que estão à nossa volta.

Olhe uma árvore. Você já parou para pensar que debaixo da terra estão as raízes que sustentam aquela árvore? A gente quase nem pensa nisso, não é mesmo? Olhe um grande edifício. O que lhe garante solidez é a base que adentra o solo e não vemos. A Terra gira e nem percebemos. Os sons e as imagens de rádio e TV espalhados pelo mundo estão bem diante de nós, pouco acima de nossas cabeças e não enxergamos. Fantástico, não?

Onde estava a beleza de Chico Xavier? No rosto? No corpo perfeito? E Madre Teresa de Calcutá? Era bonita? Despertava inveja pelo corpo perfeito? Não. Irmã Dulce e igualmente tantos outros missionários que iluminaram a Terra não possuíam belezas externas, no entanto suas almas resplandeciam outros encantos que somente os bons conquistam.

E por falar em belezas ocultas, eu me lembro de uma linda história que retrata muito bem os nossos argumentos. Conta-se que certa senhora, já avançada na idade e sábia estava passeando nas montanhas à beira de um riacho. Em certo momento ela encontrou uma pedra muito bonita e, certamente de grande valor. Guardou a pedra e prosseguiu em seu passeio e mais adiante encontrou um jovem que seguia caminho contrário ao dela. Encontraram-se e ela o convidou a tomar um lanche com ela, ao que ele aceitou. A senhora estendeu uma toalha na verde grama e começou a colocar os alimentos ali, quando distraidamente também tirou a pedra da sacola colocando-a sobre a toalha. Ao ver a pedra, o jovem encheu-se de cobiça e pensou no quanto valia aquele tesouro. Pediu para pegar e a senhora colocou-a em suas mãos. Os olhos do jovem brilharam e ele pediu aquela pedra à senhora que, sem vacilar deu-lhe de presente. O jovem ficou tão feliz e, já pensando no dinheiro que conseguiria com sua venda, levantou-se e despediu da mulher. Ela ainda tentou argumentar sobre o lanche, mas ele saiu correndo montanha abaixo. Três dias depois, aquela senhora caminhava à beira do mesmo riacho quando, de repente, avistou o jovem que vinha ao seu encontro. Feliz por vê-lo, saudou-o com um abraço e novamente convidou-o para um lanche. Ele aceitou e sentaram-se com alegrias estampadas como se fossem velhos amigos. Ela perguntou sobre a pedra e ele, um pouco envergonhado tirou a pedra do bolso entregando-a à senhora, dizendo: vim aqui propor-lhe uma troca. Uma troca? Perguntou a senhora. Sim, respondeu o jovem. É que desde aquele dia que a senhora me entregou essa pedra não consegui conciliar o sono. Fiquei esses dias sem entender o que a fez dar-me essa pedra. Então, cheguei a uma conclusão e aqui estou para propor-lhe o seguinte: devolvo-lhe a pedra e a senhora me dá o que tem em seu coração. Concluí que o que a senhora tem em seu coração deve ser muito mais valioso do que essa pedra, portanto quero esse outro tesouro que está aí dentro de seu coração.

Para você que lê essas páginas nesse momento faço uma pergunta: você trocaria tudo o que tem por aquilo que o Chico Xavier trazia em seu coração? Quanto você pagaria pelas belezas ocultas de Irmã Dulce? Quanto você seria capaz de pagar pelo tesouro que Francisco de Assis ocultava em seu coração?

Sobre essas belezas ocultas Jesus falou: o homem sensato que encontrou um tesouro, ele vai vende tudo o que tem, depois volta e adquire aquele tesouro. Assim, é necessário observar, ficar mais atento aos tesouros ocultos que poucos enxergam.

Fiquei tão atordoado pensando no quanto ainda estou cego e surdo para as belezas ocultas, que acabei dormindo tal qual uma pedra que nada enxerga, nada sente, nada ouve.

12
Quarto andar — a verdade

O SOL ENTROU NO MEU QUARTO sem pedir licença e encheu meus olhos de luz. Ainda tentando me adaptar à claridade, lembrei-me de João Mineiro e imediatamente alcancei o relógio que marcava oito horas. Levantei rápido, fui ao banheiro, tomei um banho e em seguida fui até à cozinha tomar um cafezinho mineiro.

Depois de comer algumas frutas, não resisti ao delicioso pão de queijo que todo mineiro adora. Nem pensar se exagerava logo cedo, pois ainda queria comer uma fatia do bolo de fubá. Ah! É impossível dispensar as delícias da cozinha mineira: o pão de queijo, o bolo de fubá, a pamonha, o queijo fresco ou curado, sem falar na fartura que ainda estava por vir na hora do almoço.

Saí quase correndo, quando o mecânico encontrou-me na rua. Pensei que ele já havia consertado o carro, mas ele disse que iria buscar uma peça na cidade próxima, por isso eu não poderia partir naquele dia. Confesso que fiquei feliz com a notícia, pois assim poderia ficar um pouco mais com João Mineiro. Era sexta-feira e logo imaginei meu final de semana naquela cidadezinha de paz, quase parada no tempo.

Sem conseguir disfarçar meu sorriso, o mecânico estranhou minha reação e perguntou se eu havia gostado da notícia. Explicou que estava com receios, pois julgava que eu gostaria de ir embora o quanto antes. Respondi que fizesse o conserto e não se preocupasse comigo.

Despedi-me dele e fui embora. De longe avistei João Mineiro sentado em frente à sua casa. Fui chegando e antes que dissesse qualquer coisa, ele virou-se em minha direção e sorrindo disse:

— Dormiu devagar?

Eu sentei ao seu lado e respondi com alegria:

— Bom dia vovô, como vai?

— Bom dia, meu filho. Você está feliz, o que aconteceu? Recebeu uma boa notícia logo cedo?

— Ah! Sim, eu estou feliz. Conhecer o senhor foi um presente dos céus para esse pobre coitado aqui. Jamais imaginei aprender tantas lições como tenho aprendido ao seu lado. E hoje, enquanto me dirigia para cá, o mecânico me disse que o carro não ficará pronto hoje, pois terá que buscar uma peça em cidade próxima. Assim poderei ficar mais um dia aqui. Não é uma ótima notícia?

Ele sorriu em silêncio e pegou em minha mão. Assim ficou por um tempinho, como a esconder emoções. Em seguida, enxugou uma lágrima que descia por seu rosto. Eu não poderia dizer nada e nem conseguiria, por isso guardei silêncio. Depois, ele disse:

— Presente maior eu ganhei reencontrando-o. Desde

A FÓRMULA DA FELICIDADE — 107

aquele dia que nos vimos, quando você passou por aqui, tenho buscado entender os motivos de tudo isso, e acho que essa noite alguém me explicou.

— Um amigo? Um espírito amigo?

— Isso. Eu perguntava a mim mesmo o motivo de reencontrá-lo assim, no final da vida e de uma forma tão fortuita, não é mesmo?

— É verdade. Parece que nos conhecemos há tanto tempo, não é?

— É verdade, esta noite fiz minhas preces costumeiras e pouco depois adormeci. Minha mamãe atendeu meu pedido e veio ao meu encontro. Fiquei muito feliz porque senti que minha cegueira havia cessado e então eu pude vê-la. Ela estava linda, meu filho. Ela me disse que esse reencontro com você era um presente do céu ao meu coração e que fomos unidos no passado. Por isso, quando você falou que conhecer-me foi um presente do céu eu me lembrei do sonho e me emocionei. Afinal, em nossa viagem pela vida há encontros, reencontros e desencontros, e você é alguém que estou reencontrando.

— Se é para o senhor é para mim também, por isso agradeço a Deus tudo isso. Tenho certeza de que isso aconteceu por misericórdia de Deus.

— Então você ficará mais um dia aqui?

— Sim, e quero aproveitar ao máximo o tempo que temos.

— Outro dia ouvi alguém dizer que usamos o tempo aqui na Terra como alguém que come um doce que gosta muito. O doce está dentro de um vidro e no início comemos à vontade, pois ainda há muito no vidro. Do meio para baixo começamos a pensar no fim e por isso não abusamos tanto em consumir o doce, e no finalzinho buscamos o cantinho do vidro, como a não querer perder nada.

— É verdade.

— E eu estou nessa hora, pegando o "doce" lá no cantinho, raspando todo o vidro, percebendo o "fim", querendo que ele não acabe...

Notando-o triste, levantei e disse:

— Afinal, nessa casa não tem café? É assim que o senhor recebe suas visitas, sem oferecer nem um cafezinho?

Ele sorriu, e apoiando-se em seu cajado levantou convidando-me para um delicioso café. João Mineiro contava oitenta e cinco anos e já demonstrava certa fragilidade orgânica. Por isso, seu comentário a respeito do "final do doce" tinha certa razão... A gente sabe que é assim, mas nunca é bom falar, não é mesmo?

Sentados no sofá simples da casa de João Mineiro, o tempo parecia estar parado. Para mim, era eu, ele e o tema principal: Jerônimo Mendonça e sua palestra, ensinando a fórmula da felicidade. Depois do cafezinho, perguntei:

— E o quarto andar, o que é?

— A verdade.

— A verdade? Qual verdade?

— É esse o problema. Quantas verdades há no mundo? Acho que cada um tem a sua verdade, e é por isso que ninguém sabe nada.

— Certa vez alguém me disse que antigamente a gente sabia quase nada de tudo e hoje sabemos quase tudo de nada.

— É, isso é uma verdade.

— Meu Deus, o que Jerônimo falou sobre esse quarto andar?

— Falou pouco e disse tudo. Começou citando Jesus Cristo que disse: Conhecereis a verdade e ela vos libertará. Disse que por não conhecer a verdade de Deus a Humanidade ainda está presa à ignorância e à dor. Por não conhecer a verdade somos escravos de nós mesmos, que estamos presos aos vícios, ao egoísmo, vaidade, ciúmes, inveja, avareza, orgulho e tudo o que causa sofrimento. É por julgar-se superior que o homem cria amarras que o prendem a atitudes mesquinhas. Jerônimo disse que é por não conhecer a verdade que criamos religiões com seus rituais e dogmas, que nada esclarece e causa fanatismo. Cegos guiando cegos, muitos acreditam em simpatias, superstições, horóscopos, talismãs, ídolos e rituais que em nada ajudam o homem a se tornar melhor.

— Incrível, mas é verdade.

— Jerônimo ressaltou que Jesus deseja nos libertar, mas isso só acontecerá por nós mesmos, quando aceitarmos a "chave" da verdade e abrirmos a cela da ignorância onde estamos presos. Ignorância que faz as pessoas acreditarem em sorte e azar, em destino traçado, em crendices e rituais ridículos. Jerônimo lembrou que Cristo disse que conheceríamos a verdade e que somente ela nos libertaria. Jesus não disse que a fé nos libertaria, pois a fé sem o conhecimento da verdade causa fanatismo que é capaz de matar. Somos prisioneiros de nós mesmos e quanto menor o coração, mais ódio ele pode guardar e maior o desejo de ser o dono da verdade. Falou que os maiores missionários da Terra diziam nada saber, no entanto viveram exemplificando um pouco da verdade que já haviam entendido, e por saberem que nada sabemos diante do infinito poder de Deus. Aquele que diz ser o "dono da verdade" nada sabe da verdade.

— Eu não sei o que dizer diante de tantas verdades...

— Quando escutamos a verdade dá vontade de calarmos, assim não falamos bobagens, não é meu filho?

— É isso mesmo.

— Acho que essa parte da palestra foi o momento de maior silêncio, pois nós descobrimos o quanto nada sabemos, e escutar algo tão profundo nos fez ficar mudos. Eu já não enxergo mesmo, assim ficar mudo também não era nada demais.

— Então, o senhor ficou caladinho?

— Caladinho, querendo me esconder de mim mesmo. E Jerônimo prosseguiu dizendo que a verdade nos ensina a essência da vida, o real valor de cada coisa, a melhor estrada a seguir e como seguir. Disse que a verdade é a chave da nossa liberdade, que nos faz entender o porquê da vida, do sofrimento, das diferenças morais e intelectuais e a razão de estarmos aqui. E disse que enquanto a Humanidade desconhecer a verdade, o sofrimento e a lágrima, a vingança e a revolta, a injustiça e a mentira, os vícios e a inveja não deixarão o homem viver em paz. Somente através da verdade é que a convivência pacífica entre as pessoas reinará.

— A gente vive dizendo que a verdade deve ser revelada, custe o que custar, doa a quem doer. Será assim mesmo?

— Jerônimo disse que a verdade sem amor não é verdade e que o amor sem a verdade não é amor. Um vive ao lado do outro, sempre. Portanto, não podemos ferir em nome da verdade.

— Eu nunca havia pensado nisso: a verdade sem amor não é verdade e o amor sem a verdade não é amor. Que lindo! Falando nisso, certa vez li uma história que explica muito bem isso. Conta-se que certa vez a verdade encontrou-se com a caridade. A verdade estava toda machucada, com uma aparência abatida e pior, só andava nua. Por outro lado, a caridade tinha uma aparência linda, com uma bela roupa e muito perfumada. Ao ver a verdade assim, machucada, a caridade perguntou o que havia acontecido. Então a verdade respondeu que era muito maltratada pelos homens, pois eles diziam querer a "verdade nua e crua", mas quando ela aparecia, eles não acreditavam nela, expulsavam-na de todos os ambientes e afirmavam não precisar dela para viver. Então, a caridade se compadeceu dela e explicou-lhe que ela não poderia aparecer daquele jeito aos homens, pois nem sempre estavam preparados para ouvir ou conhecer a "verdade nua e crua". O que fazer? – perguntou a verdade. E a caridade pediu para a verdade se vestir de amor e que ao aparecer aos homens que ela deveria revelar-se aos poucos, instruindo-os naquilo que queriam saber. Se agisse assim ela seria aceita e amada.

— Isso é fato, meu filho. Quantas vezes não aceitamos a verdade em nossas vidas? Às vezes, quando alguém nos diz a verdade, melindramos, ficamos revoltados e, quase sempre nos tornamos inimigos daquela pessoa.

— É por isso que Chico Xavier dizia que a vida é mais importante que a verdade. É necessário entender que há momentos certos para revelar a verdade, não é mesmo?

— Sem dúvida, e além do momento certo não podemos esquecer da dosagem certa, pois muita luz pode cegar, quando o que desejamos é iluminar.

— Fico pensando em quantos crimes foram cometidos em nome da verdade...

— Sim, em nome da verdade, e não em nome da Verdade. A nossa verdade ainda está muito distante da verdade, por isso a maioria age com agressividade, são fanáticos, críticos, supersticiosos e viciados. Por faltar a "chave" que liberta permanecem presos, e muitas vezes nem se julgam prisioneiros. Pensam que sua verdade é a única verdade.

— Por pensar assim que muitos foram queimados nas fogueiras da Idade Média, não é?

— Quantos foram queimados, quantos torturados...

— Shakespeare disse que "herético é quem manda acender a fogueira e não quem arde nela".

— Talvez a única pergunta que Cristo não tenha respondido seja exatamente essa: "O que é a verdade?".

— Como eu nunca havia pensado nisso? O senhor disse algo que eu nunca havia pensado, que talvez a única pergunta dirigida a Jesus e que tenha ficado sem resposta seja exatamente essa – O que é a verdade?

— Mas quem disse isso foi Jerônimo Mendonça, e não eu.

— Eu sei, eu sei que foi ele. E Jesus não poderia mesmo responder...

— O que responder a Pilatos?

— Contar a verdade? Nem pensar, não é?

— Pilatos não entenderia... E isso ficou comprovado em um outro diálogo de Cristo, agora com Nicodemos. Depois de perguntar da necessidade de nascer de novo, e Cristo explicar e ainda assim permanecer a dúvida, ele diz: "Se não credes quando vos falo das coisas da Terra, como ireis crer quando vos falar das coisas do céu?".

— Ihhhhhhhh... Se ele começasse a falar das belezas cósmicas do infinito, da criação das galáxias, das cores das nebulosas e dos mundos habitados e suas infinitas formas de vida, Nicodemos ficaria louco e nada entenderia.

— Por isso, meu filho, eu digo que nada sei.

— Sócrates que sabia um pouquinho dizia que nada sabia, quem sou eu para dizer que sei alguma coisa?

— Aliás, queria lhe perguntar...

— Não me pergunte. Eu não sei de nada...

— Mas, eu ainda nem perguntei.

— Mas, já vou respondendo que não sei.

— Mas, eu queria saber se você aceita mais um cafezinho?...

— Ah! Isso eu sei. Tem pão de queijo?

— Não sei, pois eu nada sei.

— Hahahahahahahah...

13
Quinto andar — perdão

PARA MIM ERA IMPOSSÍVEL avaliar minha emoção diante de João Mineiro e da fantástica experiência que eu estava vivenciando. Acho que eu havia esquecido de tudo e como uma criança em parque infantil eu me perdia de alegria em cada momento ou em cada fato narrado.

Charles Jones disse que "daqui a 5 anos você estará bem próximo de ser a mesma pessoa que é hoje, exceto por duas coisas: os livros que ler e as pessoas de quem se aproximar". Concordo, pois eu tinha certeza de que depois desses dias com João Mineiro eu jamais seria o mesmo. Ele estava marcando minha alma para sempre.

Dizem que o paraíso é onde os nossos sonhos se realizam. Sim, pode ser, no entanto penso que em muitos momentos da vida nos julgamos no verdadeiro paraíso, não é mesmo? Momentos sublimes que engavetamos e muitos se esquecem. É preciso rever as "fotografias" de nossas vidas, retirando-as das gavetas do coração e reviver as lembranças que nos fizeram bem, que agitaram as cordas da emoção. O importante é não perder o encanto e a paixão pela vida.

Quem não possui esses momentos? O nascimento dos filhos, viagens inesquecíveis, a formatura, o primeiro dia do emprego desejado, o primeiro carro, momentos de amor... Emoções, lágrimas e o desejo de parar o tempo impedindo que a felicidade se fosse... Por tudo isso, Bill Milton escreveu: "faça os seus dias valerem as lembranças". Se existem fatos que não queiramos lembrar que isso nos ajude a viver bem a partir de hoje para que amanhã possamos rever o "filme da vida" sem remorso. É preciso saber viver, disse o poeta.

Perdido em meus pensamentos, assustei-me com a voz forte de João Mineiro que perguntava:

— Quer mais pão de queijo?

— Não, obrigado.

— Em que estava pensando?

— A vida é maravilhosa, não é mesmo? Por que a maioria das pessoas ainda se envolve tanto na tristeza e na revolta?

— Os maiores problemas não ocorrem por aquilo que nos falta, mas do mau uso que fazemos do que temos. Muitos não sabem o quanto são "ricos" e se revoltam por aquilo que não conseguiram ter.

— Fazer o quê, não é mesmo vovô? Então, vamos prosseguir em nossa subida no edifício da felicidade?

— Sim, vamos subir com alegria, porque essa escalada não cansa.

— E qual é o quinto andar do edifício de Jerônimo Mendonça?

— Esse quinto andar é maravilhoso. E acredite, sem passar por ele, não seremos felizes. Como disse Jerônimo, é impossível ser feliz sem passar por ele.

— E do que se trata?

— O quinto andar é o perdão. Jerônimo disse que infeliz é aquele que não perdoa. Disse que todos querem ser felizes, mas poucos estão dispostos a perdoar o ofensor. Como ser feliz, perguntou ele, carregando mágoa? Não tem jeito, pois a mágoa é veneno que corrói a alma, torna a pessoa amarga, passando os dias reclamando da vida e das pessoas. Muitos dizem que não perdoarão e levarão para o túmulo a ofensa, mas se enganam, pois a mágoa, tal qual sombra os acompanhará do outro lado da vida.

— Acabam se tornando espíritos perseguidores dos que ficaram do lado de cá, não é?

— Isso mesmo. E Jerônimo fez uma brincadeira perguntando: vocês colocam os restos de alimento e as cascas das verduras em sacolas, não é? Diante da afirmativa de todos, ele perguntou se alguém etiquetava e escrevia o que havia ali, inclusive com a data, e se guardava a sacola no guarda-roupa para que no futuro fosse possível abrir a sacola e lembrar o que foi feito naquele dia. Foi um momento de risos, pois essa era uma atitude absurda. Então, ele disse que aquele que guarda mágoas age como uma cozinheira que guarda os restos de alimento para depois abrir e ver o que cozinhou naquele dia distante. E Jerônimo disse que a mágoa, tal qual alimento perdido, é veneno para a alma, cheira mal, é algo imprestável que devemos descartar a fim de que não sejamos prejudicados.

— É ótima comparação. Já imaginou, ir ao guarda--roupa, abrir a sacola para conferir o que fizemos naquele dia? É cômico e ao mesmo tempo retrata muito bem uma verdade.

— E é pura incoerência querer ser feliz guardando ódio de alguém. Muitos dizem que não são felizes e não entendem porque, porém se esquecem que trazem no coração o veneno que os aniquila aos poucos.

— Eu li não sei onde que "guardar ressentimentos é tomar veneno e esperar que a outra pessoa morra".

— E é assim que a maioria das pessoas age. Se alguém lhes fere ou prejudica, sem poderem se vingar dizem: ele vai morrer seco, pois Deus é justo e vai fazer com que pague.

— Ainda fazem de Deus o carrasco que irá executar sua vingança.

— Isso mesmo. E querem ser felizes. É impossível, como disse nosso amigo Jerônimo Mendonça. E ele continuou dizendo que o perdão talvez seja uma das mais difíceis virtudes a ser conquistada pelo homem. Isso porque o perdão só pode ser demonstrado quando somos ofendidos, traídos, humilhados, prejudicados ou maltratados. É no momento da dor que entregamos ao ofensor o ódio, a vingança e a mágoa, ou o perdão, a compreensão e o esquecimento.

— É verdade. Para fazer a caridade não sofremos, para ser honesto também não, para conquistar a inteligência, a ética, o respeito ao próximo e tantas outras virtudes, muitas vezes basta a perseverança, enquanto o perdão é exatamente na hora em que mais estamos fragilizados.

— Ele ainda disse que Jesus nos pediu para perdoar setenta vezes sete vezes, mas nesse pedido ele nos incluiu, ou seja, é necessário perdoar e perdoar-se.

— Eu nunca pensei nisso.

A FÓRMULA DA FELICIDADE — 119

— Jerônimo explicou que muitos se entregam ao fracasso depois de falir em algum investimento, ou quando há uma separação, ou mesmo por se ver culpado diante de um desastre ou da infelicidade de alguém. É preciso, disse ele, ter coragem de olhar-se no espelho e perdoar-se a fim de se reerguer e prosseguir na viagem da vida. Outros chegam a ponto de se entregarem a um vício, ou pior, a se matar. Muitos se matam querendo fugir da dor, outros se matam porque não se perdoam.

— Que triste, não é? A gente não pensa nisso até que alguém nos desperte para essa verdade.

— Pois é. E quantos ficam "jogando na cara" do outro algo do passado? Cobradores impiedosos arrancam a "casca" da ferida não permitindo que ocorra a cicatrização. Não perdoam, não permitem que o outro se recupere e também vivem "doentes", com o coração sangrando, carregando a mágoa que lhes corrói. É necessário perdoar e perdoar-se, ressaltou Jerônimo.

— Agora estou entendendo o motivo da infelicidade de muitos...

— Até então eu também não entendia porque a infelicidade habita no coração da maioria das pessoas. Acontece que a Humanidade quer ser feliz odiando, quer ter saúde tendo vícios, quer ter amigos sendo antipáticos, deseja ter sucesso sem trabalho, quer ser amado sem amar.

— Se alcança algum êxito foi por capacidade própria, mas se fracassa a culpa é de Deus. Não planta e quer colher, não estuda e quer saber. Vovô, nós precisamos muito, mas muito mesmo de espíritos como Jerônimo Mendonça que passam pela Terra para iluminar os nossos caminhos, caso contrário continuaremos desejando ser feliz causando infelicidade.

— É verdade. Por isso Jesus envia esses mensageiros até nós a fim de que aprendamos o caminho, a verdade e a vida. E nosso amigo Jerônimo contou uma história sobre o erro de não perdoar. Ele disse que havia um homem rico que não ajudava a ninguém e quem batesse à porta de sua casa pedindo auxílio era expulso sem piedade. Certo dia, ele estava sentado na varanda e um mendigo pediu alguma coisa para comer. Com palavras rudes ele tentou expulsar aquele mendigo de sua porta, mas a fome obrigava-o a insistir por algum resto de comida. Depois de muito negar, o homem rico pegou uma pedra e jogou na direção do pobre homem. O mendigo pegou a pedra e disse ao rico: vou guardar essa pedra até o dia em que eu possa usar em você mesmo. O rico nem se importou e entrou para a sua mansão. Os anos passaram e vinte anos depois o homem rico estava cada vez mais pobre. Depois de muitos investimentos errados, já não possuía tanto e desfazia-se de seus bens e do seu patrimônio, até que ficou pobre e endividado. Não podia sair de casa, pois causara prejuízos a muitas pessoas da cidade. Certo dia ele foi ao mercado e na volta algumas pessoas começaram a agredi-lo com palavras rudes. A multidão foi aumentando e aos poucos ele se viu cercado, enquanto alguns começaram a gritar que o melhor seria apedrejá-lo. Ele foi se afastando, tropeçou e caiu. Ao cair, olhou a multidão furiosa e bem ao centro estava o mendigo. Ao vê-lo, ele lembrou-se de vinte anos atrás quando atirou uma pedra em sua direção. O mendigo tirou a pedra de uma sacola e mostrando-a levantou o braço com o gesto de atirar em sua direção. O ex-rico protegeu o rosto e aguardou. Instantes que pareceram séculos, ele sentiu que a pedra não o atingiu, então abriu os olhos e viu o mendigo abaixar os braços e dizer: "que tolo eu fui carregando essa pedra por vinte longos anos; quantas noites eu acordei sentindo ódio no coração, e quantas vezes eu passei em frente à sua casa querendo enforcá-lo para me vingar, mas hoje que posso usar a pedra em você, eu me compadeço e o perdoo; minhas costas estão marcadas pelo peso da pedra que carreguei por todo esse tempo, um peso inútil, uma carga que eu poderia ter evitado se eu o perdoasse naquele dia; hoje sei que por não ter perdoado sofri muito mais do que você mesmo; mas, agora eu te perdoo e por isso me sinto livre e em paz".

— Que triste história. Meu Deus, não perdoar é sofrer duas vezes...

— Sofremos a agressão e depois prosseguimos sofrendo por carregar a mágoa e o ódio no peito.

— Jerônimo está certo, é impossível ser feliz sem perdoar quem nos ofendeu. Eu penso que a maior dificuldade em perdoar é a sensação de que estamos perdendo algo. Não admitimos ficar calados, pois supomos que tudo precisa de uma resposta. Se houve agressão, julgamos que seja justo fazer com que a pessoa sinta na pele o erro que cometeu. E chegamos a ponto de pensar que o perdão é atitude de covardes, ou então seremos classificados como alguém que tem "sangue de barata".

— Tudo isso é verdade. Esses sentimentos foram alimentados por séculos de barbárie, onde a honra era defendida com a morte do ofensor e a sociedade aplaudia isso. Esquecemos das palavras de Jesus e escolhemos estradas que nos levam à dor e às lágrimas.

— Lágrimas que poderíamos evitar se a gente usasse o perdão.

— Não importa tanto o que fizeram com a gente, e sim como vamos reagir com o que fizeram com a gente. Há muitos que fazem "tempestade em copo d'água". Por pouca coisa passam dias irritados, rompem amizades e acabam sofrendo por nada.

— Precisamos usar mais o amor e menos a força. Eu sei que a maioria das pessoas ainda acredita no revide, na resposta à altura, no "dar o troco" como forma de resolver suas diferenças. Sou consciente de que poucos agem com brandura, mas é assim que mudaremos o mundo. Eu me lembro que Nietzsche disse que a moralidade é uma conspiração das ovelhas destinada a convencer os lobos de que é imoral usar a força. E Cristo disse aos apóstolos para levarem o Evangelho ao mundo, e com isso eles seriam como "ovelhas no meio de lobos", mas que perseverassem no bem e sairiam vencedores.

— Eu não duvido disso. E quem deseja ser feliz, deve começar a usar o perdão com maior frequência no seu dia a dia.

— Jerônimo que me perdoe, mas eu jamais havia pensado nessa "subida" para alcançar a felicidade.

— Começando com a fraternidade, depois a compaixão, em seguida o necessário desprendimento, passamos pela verdade e chegamos ao indispensável perdão. Sem usar essas virtudes não seremos felizes.

— Eu estou imaginando a beleza da palestra de Jerônimo. Sua voz forte a despertar os corações adormecidos e o seu exemplo de vida deitado naquela cama que convencia sem precisar nada falar.

— É verdade, meu filho. E por falar em nosso Centro, vamos à reunião nessa noite?

— Hoje é dia de reunião? Que alegria! Vamos juntos.

— Ah! Meu coração está em festa. Será uma noite inesquecível para esse velho aqui.

— Porém, eu preciso saber do restante da palestra de Jerônimo. Faltam quantos andares?

— Faltam dois andares. Nós finalizaremos à noite, está bem?

— Está certo. Eu passo aqui, está bem?

— Sim, vou aguardar. A reunião começa às 19:30 horas. Preciso resolver algumas coisas com minha filha à tarde, mas estarei esperando-o com alegria.

— Então, até mais tarde.

— Vai com Deus. Estarei esperando por você.

Saí da casa de João Mineiro com a impressão de que eu deslizava pelo chão, tamanha a leveza de minha alma. Em silêncio e com um sorriso no rosto conversava comigo mesmo pensando nas infinitas formas com que Jesus nos socorre. Reconhecendo que eu estava ali por misericórdia de Deus, pois a "casualidade" não existe, eu agradeci em prece por mais esse presente que Ele havia enviado, levando-me até ali para conhecer João Mineiro e ouvir dele a palestra que Jerônimo havia feito.

14

Sexto andar – fé

A TARDE PASSOU MOROSA e em todo momento olhava o relógio como a querer adiantar as horas. A ansiedade comandava meu íntimo e eu nada podia fazer a não ser esperar.

Até aquele momento eu já estava de posse de algumas informações dos motivos pelos quais os homens são tão infelizes. Eu sei que todo mundo deseja ser feliz, é natural isso, no entanto por que a humanidade é tão infeliz em seu maior desejo? Agora eu estava entendendo, pois desejamos a felicidade, mas não queremos abrir mão de certas atitudes e hábitos.

É necessário amar, caso contrário seremos vítimas do tédio, da solidão, da depressão e da revolta. Descartes disse: penso, logo existo. Mas, acho que o melhor seria: amo, logo existo. Muitos dizem que serão felizes caso alcancem seus objetivos. Sim, é verdade, no entanto muitos não se contentam com o que conseguiram e prosseguem insatisfeitos.

Não defendo a acomodação. Não é isso. O desejo de crescer, de ampliar os negócios ou a empresa, adquirir um sítio ou uma casa de praia, viajar pelo mundo, tudo isso é natural. Até dizem que se não fosse pelos descontentes ainda estaríamos nas cavernas. Sim, é verdade, mas é um descontentamento natural de crescer, de descobrir, de inventar, enfim é um desejo de buscar o que ainda não se tem. O problema é desejar algo e ao conseguir ainda se sentir infeliz e não usufruir o que conquistou.

Quantos saem de férias e não aproveitam a viagem? Viajam irritados, discutem por tudo, dirigem como loucos e ao chegar ficam "ligados" no que deixaram para trás. Ligam três vezes ao dia na empresa, e ficam falando que as férias estão chatas, que o lugar é ruim e muito mais. Passam o ano querendo férias e quando chega não aproveitam. É assim também com quase tudo que conquistam, sempre estão insatisfeitos, e pior, vivem com medo de perder o que já conquistaram.

E você, amigo leitor tem medo da vida? Vive com medo de não conseguir o que deseja ou com medo de perder o que conseguiu? Tem medo de ser assaltado, medo de ficar doente, de alguém que ama morrer ou de morrer também? Thomas Jefferson, terceiro presidente dos Estados Unidos disse: "Quanta dor nos causaram os males que nunca aconteceram!" O que acha?

Por muito tempo fiquei deitado em meu quarto lembrando de tudo que João Mineiro havia falado até aquele momento. E ainda faltavam dois andares e isso me causava maior ansiedade.

Dezoito horas. Com a alegria no rosto saí em direção à casa de João Mineiro. Assim como pela manhã, lá estava ele, sentado à porta esperando por mim. De longe gritei seu nome e vi seu sorriso tomar conta do seu rosto. Ele levantou e esperou que eu chegasse para abraçar-me como alguém que há muito tempo ele não via. Seu abraço apertou meu corpo, mas o coração ficou também apertado diante de tanto carinho demonstrado.

— Então vamos, meu filho?

— Vamos. Eu estava ansioso por esse momento. Participar de uma reunião com o senhor será um presente pra mim.

Ele guardou silêncio. Depois colocou sua mão em meu braço para que eu o dirigisse enquanto a gente caminhava para o Centro. Com passos lentos seguimos desfrutando daquele momento. Então, ele falou:

— Meu filho, a vida é maravilhosa, não é mesmo? Às vezes eu faço algumas comparações, e uma delas é que para mim a vida é como se fosse um barco. Você é o timoneiro e os ventos são as virtudes ou os defeitos. Muitos pensam que a felicidade está em algum porto a esperar a nossa chegada, mas não é assim. A felicidade é um jeito de viajar pelos mares da vida. Se tivermos os ventos das virtudes o nosso barco velejará por águas tranquilas e mesmo nas tempestades estaremos seguros pelas mãos da misericórdia Divina. Quando faltar os nossos ventos, deixemos nos guiar pelos ventos de Deus, com a confiança de um filho que conhece o Pai.

— E se faltar esses ventos das virtudes?

— Ah! Então nosso barco passará a maior parte do tempo envolvido em tempestades, em desastres que nos levarão ao sofrimento, aos "reparos" necessários...

— E quantos "afundam" durante a viagem...

— Sabe por que isso acontece?

— Não, pode me falar?

Então, ele parou e disse:

— Jesus disse que se tivéssemos fé do tamanho da semente de mostarda a gente poderia mover montanhas. Sabe qual é o sexto andar?

— A fé.

— Isso mesmo. Jerônimo disse que é necessário ter fé para ser feliz. Isso porque somente ela vai nos conduzir com equilíbrio nos momentos de dor e solidão. Ele disse que a fé reflete confiança, e quem confia não teme o que poderá acontecer. A fé não impedirá o sofrimento, mas nos dará forças para suportá-lo sem desespero.

— Muitas pessoas pensam que a fé impedirá que a doença nos atinja, que a gente não sofra injustiças e que a morte não aconteça.

— E não é nada disso. A fé é aquele sentimento que nos dá segurança para caminhar pelas estradas da vida. Diante dos abismos é a ponte a ligar um lado ao outro, durante a noite é a estrela a nos guiar, na hora da dúvida ela será a inspiração que nos fará escolher o certo.

Ainda estávamos na rua, e nossos passos eram vagarosos. Eu o ouvia maravilhado com suas palavras que confortavam o meu coração. Eu sei que há momentos na vida da gente que nos resta somente a fé, pois mais nada há que fazer. Então, pensei: coitado daquele que não a tem no coração. Eu parei e olhando-o de frente, disse:

— Pobre de quem não tem fé, não é mesmo?

— Ah!, meu filho, Jerônimo falou que triste é aquele que perdeu a fé e tem que continuar vivendo. Pior do que sofrer é sofrer por falta de fé. Disse que todos nós passa-

A FÓRMULA DA FELICIDADE — 129

mos por momentos difíceis, mas aquele que confia em Jesus possui no coração um remédio que ameniza a dor, e o ateu, com seu desespero sofre muito mais. Aquele que tem fé chora, mas não por se sentir perdido ou esquecido de Deus.

— Dizem que se a gente não chorar as lágrimas endurecem no peito e o coração fica duro como pedra.

— As lágrimas de quem confia no Pai se tornam bálsamo que suaviza a dor, que lava a nossa alma sedenta e frágil. E quem tem confiança aceita as respostas de Deus, mesmo aquelas que não entendemos de imediato. Em certo momento, Jerônimo perguntou a todos nós se a gente tinha medo do sol não aparecer ou de acabar o ar que respiramos. Todos riram e dissemos que não tínhamos medo de que isso viesse a acontecer. E ele ainda perguntou se tínhamos receios de não mais haver chuva, ou de que os frutos não tivessem mais sementes. E novamente respondemos que não, que isso nem passava por nossas cabeças. E ele disse que isso era fé, ou seja, confiança em Deus de que Ele continuaria fazendo a parte d'Ele.

— Que incrível. A gente nem pensa nisso...

Ele pegou novamente em meu braço e recomeçamos a andar. A noite estava começando e havia silêncio na rua. Nossos passos lentos e aquelas doces palavras serenavam meu frágil coração. E ele continuou:

— Muitas pessoas têm medo do futuro por faltar confiança em Deus. No entanto, é preciso entender, o que compete a Ele fazer não há de nos faltar, resta-nos fazer a nossa parte. E Jerônimo lembrou aquela passagem dos Evangelhos em que Pedro pede a Jesus para ir ao seu encontro andando sobre as águas do lago de Genesaré. Ele diz para

Pedro descer do barco, e Pedro confia e desce, começa a caminhar, no entanto um pouco adiante olha mais para o perigo das águas do que para Jesus, e nesse momento começa a afogar. Ele grita por socorro e Cristo o alcança dizendo que ele era um homem de pouca fé.

— Ah! Como somos frágeis, vacilantes... Sou ainda menos que Pedro...

— Eu leio essa narrativa dos Evangelistas e é como se eu estivesse ouvindo Cristo dizer: "Confia, João Mineiro; eu estou aqui, não tema".

— É lindo, não é, vovô?

— É maravilhoso, meu filho. É preciso confiar em Deus e quem confia nada teme.

Continuamos caminhando lentamente, até que ele perguntou se havíamos chegado diante do Centro. Olhei e vi uma Casa simples com dizeres que indicavam que ali era um Centro Espírita.

Respondi que sim e ele falou:

— Eis a pequena Casa de Jesus.

Paramos diante de uma Casa singela com um muro baixo e pequeno portão de madeira. Era toda branca e na parede escrito: Grupo Espírita Jesus de Nazaré. Ao ler o nome do Centro meus olhos marejaram, pois era mais que uma justa homenagem a Jesus Cristo, e por ser uma Casa muito simples, de imediato lembrei-me da casa de Pedro, lá em Cafarnaum, onde ele tantas vezes falou à multidão. Emocionado, consegui dizer:

— É linda.

Ao meu lado João Mineiro perguntou:

— É linda mesmo?

Sorrimos juntos, pois ele não poderia vê-la, mas eu sabia que ele a enxergava no Mundo Espiritual, por isso disse:

— O senhor pode vê-la melhor que eu.

Ele simplesmente sorriu. Por alguns momentos ficamos ali, diante daquela "grande" Instituição de amor. Em seguida entramos. Algumas pessoas já estavam ali, inclusive Netinho, o neto de João Mineiro. Ele revelou que o neto o ajudava inclusive na limpeza da Casa, na preparação para as reuniões da noite, onde era responsável pelas leituras, orientações do passe e pequenos comentários evangélicos.

O salão talvez tivesse cinco metros de largura por uns oito metros de comprimento, bem pequeno, mas aconchegante. A mesa estava coberta por uma toalha amarelinha e enfeitada por lindo vaso de flores recém colhidas. Não havia forro e o chão era daquele cimento liso de cor vermelha.

Ficamos ali sentados conversando e logo algumas pessoas foram chegando. Pessoas simples, mas com as feições alegres. Alguns com o rosto cansado e marcado pelo trabalho duro nas roças. João Mineiro apresentou um a um e a todos dizia que eu era como se fosse seu filho.

Às sete e meia, Netinho levantou e convidou a todos para uma prece. Em seguida leu um trecho do Evangelho e quando ele terminou, João Mineiro levantou-se e disse: meus irmãos, nós estamos recebendo a visita de alguém muito querido, e é como um filho que o apresento a vocês. E para nossa alegria, ele irá fazer o comentário evangélico dessa noite.

Confesso que foi uma surpresa para mim e com alegria falamos de Jesus Cristo naquela Casa simples, onde também Jerônimo havia falado há alguns anos. A emoção invadiu meu coração e em certos momentos foi com dificuldade que contive as lágrimas que queriam participar da festa.

Quando finalizei, João Mineiro se dirigiu para uma pequena sala onde se dispunha a atender àqueles que o buscavam, e como ele dizia de vez em quando Bezerra de Menezes chegava para ajudar nos diálogos ou orientar alguma pessoa mais necessitada. Enquanto isso, três pessoas atendiam aos que desejavam o passe, enquanto uma jovem senhora sentou-se à mesa para psicografar.

Quando João Mineiro terminou o atendimento, todos voltaram ao salão e a jovem começou a ler a mensagem que dizia:

— Somos nós os felizardos que mais uma noite se permitem banhar na luz do esclarecimento, nesses momentos em que nos dedicamos a receber gota a gota o remedinho capaz de tirar nossas almas do escuro da ignorância. Nesses poucos minutos, ainda nos posicionamos para receber nesses ensinamentos as condições para conhecer e viver a felicidade.

Para alguns a felicidade é conhecer a verdade. Para outros é vivê-la e para outros ainda é divulgá-la.

Para muitos a felicidade é ter para si saúde e paz. Para outros a felicidade é poder levar um remedinho a um irmão enfermo.

Para tantos é felicidade ter nos dias frios de inverno um prato quente de sopa. A outros a felicidade é ter oportunidade de servi-la àqueles que sentem fome.

A felicidade para muitos é se deitar ouvindo lá fora o barulhinho da chuva fria trazendo o sono como cantiga de ninar. Para outros a felicidade é ir no meio da noite chuvosa levar o socorro àquele em desabrigo.

A felicidade para muitos é ter nos braços seu filhinho querido. A outros a felicidade é poder educá-lo.

Para muitos a felicidade é ter religião e uma casa que lhe aco-

A FÓRMULA DA FELICIDADE — 133

lhe a fim de praticá-la. Para outros a felicidade é conhecer e levar ao próximo o amor e a fé.

Assim, podemos observar que felicidade não existe sem fé, ou seria somente "licidade". A fé é que nos mostra como viver com amor os nossos dias. É preciso acrescentar dias à nossa vida, mas acreditamos ser mais importante acrescentar vida aos nossos dias.

Somente com a consciência liberta, com o coração aberto seremos capazes de assimilar aqui na casa espírita, onde a doutrina nos coloca frente a um grande espelho para refletir em nós tudo quanto já vivemos. Esse espelho guarda sempre a imagem do homem velho para que seja possível uma comparação com o homem que se renova. E renovar é o Cristo nascer em nós.

Desejamos a todos a felicidade da conquista de si mesmo, com a consciência em paz, observando sempre seus deveres, pois os direitos são reservas que fazemos nos céus.

A você, meu filho, que tanto busca o sentido da felicidade, entregamos essa singela página.

Com carinho e saudade do padre Nilo.

Quando a jovem senhora finalizou, percebi lágrimas nos olhos de João Mineiro. Eu estava sentado ao seu lado, então ele pegou em minha mão e disse que a mensagem era do seu grande amigo padre Nilo que havia lhe presenteado com o quadro das mãos.

Ele pediu a mensagem à médium dizendo que estava dedicada a mim, pois era eu quem procurava a fórmula da felicidade. Ela sorriu sem entender e entregou-me a linda mensagem. Fiquei honrado e feliz e prometi a ela que caso conseguisse escrever o livro, eu incluiria nele essa linda página.

Assim encerrou-se a reunião e voltamos para a casa de

João Mineiro. Enquanto caminhávamos de volta, ele falou com emoção:

— Que lindo presente você recebeu hoje, não é mesmo?

— Essa mensagem do padre Nilo é maravilhosa. Fiquei com vergonha, pois ele sabe que eu estou procurando uma forma para explicar nas palestras a fórmula da felicidade. Embora eu já esteja recebendo tudo do Jerônimo, ele veio e deixou essa mensagem que fala da felicidade. Eu vou incluí-la no livro.

— Isso mesmo. Não podemos guardar só pra nós o que o padre Nilo disse sobre a felicidade. Outra coisa, você sabe quem estava na reunião?

— Ah! Fale, estou ansioso.

— O nosso amigo Jerônimo Mendonça.

— Ah! Que maravilha! Quem dera tivesse "olhos de ver"...

— Ele chegou sorridente, ficou ao seu lado enquanto falava do Evangelho e em seguida entrou comigo para atender aos doentes. Disse que ficaria ali para aprender comigo. Comecei a chorar e ele abraçou-me com carinho sem nada dizer enquanto meu pranto escorria pelo rosto...

— Muitas coisas são ditas em silêncio.

— É verdade. Quando eu estava mais calmo, ele colocou sua mão em meus ombros e me pediu para transmitir um recado para você.

— É mesmo?

— Sim, ele pediu para eu dizer que você pode escrever o livro, mas que conte somente sobre a palestra da felicidade. Pediu que se você deseja contar algo dele, que conte suas lágrimas, suas fragilidades e suas imperfeições. Que ressalte que a causa maior da vida é Jesus de Nazaré e que

A FÓRMULA DA FELICIDADE — 135

sem ele a vida não tem sentido. Que conte o quanto ele aprendeu com Chico Xavier que foi o grande exemplo para todos nós. E pediu para você ressaltar, principalmente, a caridade de quem o carregou naquela cama, de quem o alimentava e colocava os remédios em sua boca, daqueles que o lavaram todos os dias e de todos que o suportaram. Que esses sim, deram o exemplo de caridade. Pediu pra você escrever que ele era o carregado, o doente, o necessitado e os caridosos eram aqueles que o carregavam.

— Meu Deus, que coisa mais linda... Sim, eu escreverei isso.

— Foi uma noite inesquecível.

— Eu não mereço tanto. Eu que ainda quase nada tenho de fé.

— Sabe de uma coisa? É preciso parar de querer as coisas. A gente vive pedindo ao Pai isso ou aquilo. Só fica pedindo quem não confia. Precisamos parar de querer e começar a ser. Porque aquele que é não precisa de mais nada.

— Repete isso, por favor.

— É isso mesmo. Quem é não precisa de nada.

— Quem é não precisa de nada... Hummmmm...

Fiquei por alguns momentos em silêncio pensando na profundidade de suas palavras. Ele esperou um pouco, depois resmungou como se estivesse impaciente e sorrindo disse:

— Ora, vamos entrar e tomar um café.

— É melhor. Isso é mais fácil de entender. Tem pão de queijo?

15

Sétimo andar — humildade

EU ESTAVA TOTALMENTE ENVOLVIDO nas emoções de tudo que havia acontecido até então. Jamais poderia imaginar que algo assim pudesse ocorrer comigo, tudo tão naturalmente e tão surpreendente.

João Mineiro havia me falado que a fórmula da felicidade constava de sete andares, portanto faltava um e eu me encontrava ansioso por saber do que se tratava.

Enquanto tomamos o café com pão de queijo, estranhamente João Mineiro permanecera em silêncio. Pela minha cabeça passavam mil coisas e, certamente também na dele não era diferente. Os últimos fatos tocaram fundo em nosso ser, principalmente pela presença dos amigos Jerônimo e padre Nilo.

Quando terminamos, ele perguntou:

— Você está ansioso, não é meu filho?

— Não posso negar isso. Muito embora eu já tenha lições para toda a vida, sei que ainda resta um andar no edifício do Jerônimo, portanto é natural minha ansiedade.

— Sabe do que se trata?

— Eu não sei.

Ele suspirou fundo, buscou o ar e disse:

— Tenho procurado essa virtude há tanto tempo...

Aguardei com respeito que ele continuasse. Em seguida, completou:

— O sétimo andar é a humildade.

— Ah! Só poderia mesmo ser essa virtude, pois ela requer perseverança em sua conquista. Quantos erros por sua falta em nosso coração...

— É verdade. Em muitas ocasiões as intenções são boas, mas acabam se tornando em fracasso, pois não sabemos expor com humildade as nossas ideias, e nem conquistamos corações pela forma equivocada de expressar.

— Os homens e mulheres mais iluminados que passaram pela Terra foram os mais humildes.

— É verdade. Em nossa Doutrina há grandes exemplos de humildade. O próprio Jerônimo Mendonça, João Nunes Maia, Cairbar Schutel, Bezerra de Menezes, Eurípedes Barsanulfo, Anália Franco, Batuíra e tantos outros, e principalmente Chico Xavier, que, aliás, se dizia um "cisco".

— Exemplos de humildade, não é mesmo?

— O que você acha da doutrina espírita?

— É o maior tesouro que a Humanidade já recebeu.

— Um tesouro incalculável. No entanto, muitos ainda não a entenderam. É algo que há muito a gente buscava e não sabia do que se tratava. É o mapa da estrada que devemos seguir, é a resposta do Pai às perguntas que há milênios esperamos. E agora que encontramos poderemos ser felizes.

— Um autor alemão chamado Wolfgang Lutz escreveu: "quem encontrou o que procurava já não precisa mais procurar; a partir daí ele necessita dedicar-se ao achado". Lindo, não é?

— E ele está certo. Agora que achamos o que a gente estava procurando, o que nos compete fazer é cuidar do que encontramos, ou seja, a nossa Doutrina Espírita que nos enriquece a alma, que nos faz entender as razões da vida e da vida depois da vida e que preenche nossas vidas no trabalho do bem ao próximo. A doutrina nos torna melhores, inclusive aos olhos alheios.

— Por falar nisso, Jerônimo contou que certa vez, quando ainda andava, voltava a pé para casa depois da reunião na Casa Espírita. Ele parou em uma lanchonete para tomar um chocolate, quando o carro da Polícia parou em frente, desceram vários policiais e entraram na lanchonete exigindo os documentos pessoais de todos que ali estavam. O coração de Jerônimo batia em descompasso, pois ficou com receio de passar a noite na cadeia. Um dos policiais se aproximou dele e começou a revirar os bolsos do paletó e da calça, e ao deparar-se com um pequeno livro ele leu: *Coletânea de preces espíritas*, de Allan Kardec. Conta Jerônimo que ao ler o título, o policial suavizou o semblante e com as mãos gentilmente pousadas em seu ombro disse, à meia voz: "você, meu filho, pode ir para casa; você é gente boa, pois carrega no bolso um livro espírita".

— Que maravilha, não é? Olha o respeito que as pessoas têm pelo espiritismo!

— E o Jerônimo disse: "se um livro espírita já vale como precioso documento imagine quando todos nós tivermos a conduta que os livros nos orientam?".

— Por isso precisamos ser humildes. E Jerônimo disse que colocou a humildade no último andar porque talvez seja ela a mais difícil das virtudes a ser conquistada por nós. É ela que embeleza e ratifica todas as outras, pois se você pensar bem, a fraternidade sem a humildade não é fraterna. A compaixão sem a humildade é arrogante. O desprendimento sem a humildade é vaidade. A verdade sem a humildade é prepotente. O perdão sem a humildade é humilhação. E a fé sem a humildade é fanatismo.

— Quem está disposto a usar a humildade? Muitos querem ser grandes, importantes e incomparáveis. Outro dia eu li uma linda página que dizia: "você sabe por que o mar é tão grande, tão imenso, tão poderoso? É porque ele teve a humildade de se colocar abaixo de todos os rios; sabendo receber, ele se fez grande; se quisesse ser o primeiro, colocando-se alguns centímetros acima de todos os rios, ele não seria mar, mas sim uma ilha".

— Por isso Jerônimo completou que sem a humildade não seremos felizes. É impossível ser feliz sem a humildade. E ele nos perguntou qual foi o maior exemplo de humildade de todos os tempos. E naturalmente respondemos Jesus. Meu filho, ele fez uma colocação que eu jamais havia pensado, quando perguntou o motivo de Jesus usar a expressão: "a sua fé te curou". Eu sempre pensei que o que proporcionou a cura daquelas pessoas fosse a fé, mas Jerônimo disse que Jesus jamais diria: "eu te curei". Se dependesse da nossa fé, quase nada alcançaríamos, pois somos "homens de pouca fé", tal qual Pedro no Lago de Genesaré que afundou por faltar-lhe a fé. Então, Jerônimo disse que por humildade, Jesus Cristo transferia aos doentes a razão da cura, e não a ele.

A FÓRMULA DA FELICIDADE — 141

— Meu Deus, que coisa mais linda!

— É verdade. Jamais havia pensado nisso. E Jerônimo prosseguiu com os exemplos de humildade de Cristo. Quando disseram que ele era bom, respondeu que bom era o Pai. Quando lhe perguntaram quem era João Batista, ele respondeu que "dos nascidos de mulher, ele é o primeiro". O Mestre jamais diria que ele era o primeiro e depois João Batista. E ainda dizia que "tudo o que eu faço, vós fareis muito mais".

— Por ele ter falado "dos nascidos de mulher" muitos julgam que ele teve um corpo fluídico. Isso seria um absurdo, pois tudo o que ele sofreu teria sido então uma farsa.

— Exatamente. Tudo por humildade. Ele poderia nascer onde quisesse, mas escolheu o menor país da época e a mais humilde aldeia. E ainda chegou ao mundo numa manjedoura. E até no momento de sua morte, foi sepultado em túmulo emprestado.

— Todas as vezes que imagino Jesus lavando os pés dos apóstolos eu me impressiono. Pense no Governador do planeta, o ser que preside a vida na Terra em todos os reinos, desde os minerais até os espíritos puros, ajoelhar-se diante de doze homens e se colocar como um escravo a cumprir a obrigação de limpar-lhes os pés.

— Humildade, humildade. Jerônimo perguntou qual foi o maior milagre de Jesus e muitos lembraram várias curas, no entanto ele disse que o maior milagre de Cristo foi não fazer milagre algum a partir de sua prisão. Jerônimo sugeriu que imaginássemos Jesus fazendo um grande milagre diante da multidão na hora exata do julgamento, ou mesmo quando estava carregando a cruz. E ele foi desafiado por Pilatos a fazer um milagre, e por humildade ele nada fez desde que foi preso. Mesmo porque se tal ocorresse já não seria milagre, e sim espetáculo, o que ele jamais faria. O que poderia ele fazer? O que quisesse, exibindo ali o maior espetáculo da Terra, fazendo levitar a cruz, transformando ou transportando qualquer coisa. Mas ele nada fez por extrema humildade.

— Se qualquer de nós tivesse esse poder faríamos grande exibição.

— Ah!, meu filho, quem pode não faz e quem não pode quer fazer.

— Como é? Quem pode não faz e quem não pode quer fazer?

— É isso mesmo. Jesus Cristo poderia fazer o que quisesse, porque ele estava acima das leis humanas, ele vivia as Leis Divinas, foi o organizador do nosso mundo. E quem está acima das leis humanas não desobedece as leis, mas vive-as.

— É verdade.

— Sabia que as leis são feitas para aqueles que ainda podem infringi-las?

— Como assim?

— A lei de não matar e não roubar é para você?

— Ah! Acho que não.

— Pois é, o não roubar e não matar é para aqueles que estão roubando e matando. Entendeu?

— É verdade. Não é necessário colocar câmeras vigiando honestos nas lojas e nem precisa vigiar os bons para que eles não matem.

— Você entendeu. Por isso, Jesus poderia fazer coisas jamais vistas naquela hora, no entanto não fez, muito embora tenha realizado coisas que jamais alguém havia feito

A FÓRMULA DA FELICIDADE — 143

e até hoje ninguém repetiu o que ele fez. Quem, como ele curou leprosos, cegos, paralíticos, mudos? E ele dizia que "a sua fé te curou". Por humildade.

— Eu não sabia disso...

— O nosso amigo Jerônimo era muito inspirado e também humilde. Ele nos revelou isso naquela noite e tenho certeza de que nenhum de nós jamais havia pensado assim. Ele também disse que aquele que conquistou um pouco de humildade, já sabe perder com naturalidade nas batalhas da vida. Sabe que nem tudo será como ele deseja e aceita sua derrota aprendendo. Jerônimo disse que somos grandes árvores em pequenos vasos que nos impede de crescer. Mas se não tiver humildade a gente incha e não cresce.

— O oposto da humildade é que nos faz inchar, não é?

— Sim, o orgulho. O orgulhoso jamais reconhece que errou e por isso não aprende as lições que a vida ensina. Jerônimo disse que sentia imensa vontade de andar, de se sentar, vontade de tomar um banho em pé e muitas outras coisas. Mas, dizia que nessa vida ele precisava aprender a lição da humildade. Ele precisava entender que a gente depende um do outro, e como ele não havia aprendido nas vidas anteriores, Deus o colocou em extrema necessidade de bondosas mãos para atendê-lo em tudo.

— E ele aprendeu, eu tenho certeza disso.

— Eu também penso assim.

— Então agora aprendi a fórmula da felicidade ensinada por nosso amigo Jerônimo Mendonça. Como ele mesmo disse, só seremos felizes se tivermos pelo menos um pouco dessas virtudes: fraternidade, compaixão, desprendimento, verdade, perdão, fé e humildade. É isso?

— Isso mesmo, Jerônimo disse que não precisamos ser

modelos de virtudes, pois ainda estamos muito distante da perfeição. O que ele ressaltou é que com boa vontade e com desejo de evoluir em nossos sentimentos, todos nós conseguiremos alcançar a felicidade.

— Um pouquinho de cada virtude já é um bom começo. O maior obstáculo em nossa evolução é a opção por não querer melhorar. É o caso de quem diz: "eu nasci assim e vou morrer assim"; ou "pau que nasce torto morre torto". Precisamos melhorar sempre, não é?

— É verdade. O espírita principalmente tem o dever de se melhorar, pois ele acredita na evolução, portanto precisamos evoluir, sempre.

— E depois que Jerônimo falou da humildade que é o sétimo andar ele finalizou a palestra?

— Ah! Depois de ensinar a fórmula da felicidade, ele nos surpreendeu com algo maravilhoso.

— É mesmo? Ainda havia algo a dizer depois de tudo isso? Então conta logo.

— O que você acha de mais um cafezinho?

— Eu sabia...

16
Quem inspirou Jerônimo?

COMO AVALIAR O QUE a gente sente? Como medir a saudade, o carinho ou a gratidão por alguém? É algo impossível, não é mesmo? Sentimento a gente sente e pronto. Às vezes as lágrimas revelam o que desejamos ocultar e outras vezes o que queremos dizer. Sentimentos somos nós mesmos no abstrato. O que sentimos, somos.

Afinal, João Mineiro era um desconhecido? Ou alguém que muito amei no passado, atravessou o rio do tempo e aportou seu barco no porto do meu coração? Ele ali estava diante de mim como antes, a ensinar o que eu ainda não sabia? Estava fazendo o que já havia feito no passado?

Naquele momento eu apenas olhava-o como um filho saudoso que revê o pai que há muito havia partido... Não ousei perguntar-lhe pelos seus sentimentos mais secretos... Apenas queria desfrutar daqueles momentos que chegavam ao fim... Eu deveria partir no outro dia pela manhã...

Quebrando o silêncio, João Mineiro falou a sorrir:

— Você pensa demais, meu filho! Por que ficar perguntando as razões das coisas e dos fatos?

— Sabe de uma coisa, vovô? Muitas vezes nossas perguntas ficam sem respostas.

— Por que querer explicações sobre tudo? Você faz perguntas e se as respostas não lhe agradar? As pessoas perdem muito tempo fazendo perguntas sobre a vida, e a vida não é para ser questionada e sim para ser contemplada. Quantos esperam a grande felicidade e não aproveitam os bons momentos que passam?

— Desculpe, mas a gente quer saber de tudo...

Ele não sabia em que eu pensava e nem eu queria falar. Não imaginava que eu estava ali diante dele e perguntando ao meu coração quem era ele. Então, querendo mudar meus pensamentos, perguntei:

— Não vai contar como foi o final da palestra?

— Ah! Sim, vamos continuar. A fórmula da felicidade mostrada por Jerônimo é perfeita não é mesmo? Mas, ainda havia outra surpresa. Ele perguntou a todos nós se sabíamos onde ele havia aprendido a fórmula da felicidade e diante de nosso silêncio contou mais ou menos o mesmo que ocorreu com você, que disse procurar um roteiro para falar da felicidade, não é mesmo?

— É verdade.

— Ele disse que queria encontrar algo que indicasse como ser feliz na Terra. Contou que com a ajuda de amigos pesquisou em vários livros e nada encontrou de concreto, algo definitivo indicando a estrada da felicidade. Ele contou que depois de muita procura sem sucesso, certa noite sonhou com Chico Xavier e esse bondoso amigo o recebeu no mundo espiritual em local maravilhoso, uma pequena elevação repleta de flores e do pequeno monte podiam divisar outras paisagens ao longe. Jerônimo contou que nesse sonho sua visão retornara e, diante do amigo e da bela paisagem, sua emoção aflorou em lágrimas que suavizavam sua ansiedade. Chico Xavier sorria com a serenidade dos bons e esperou que ele falasse primeiro. Então, Jerônimo agradeceu ao Chico pelo encontro e perguntou ao amigo como encontrar a fórmula da felicidade. Jerônimo contou que Chico abraçou-o afetuosamente e depois lhe disse que a fórmula da felicidade já havia sido ensinada na Terra e que felizmente também se encontrava em livro. Jerônimo contou que se assustou diante de tal afirmativa, pois ele havia pesquisado em dezenas, talvez centenas de livros e não encontrara nada assim tão concreto, uma fórmula pronta ou receita da felicidade. Então ele perguntou se a fórmula da felicidade estava em algum livro que Chico havia psicografado, mas ele disse que não, e diante da expectativa de Jerônimo, ele disse: "meu filho, você esqueceu de Jesus Cristo; a fórmula da felicidade foi ensinada por ele". Jerônimo disse que perguntou ansioso: onde está essa receita de Cristo, qual é a fórmula?" E com o sorriso suave nos lábios, como alguém que ensina a uma criança, Chico Xavier respondeu: "Meu filho, a fórmula ou o caminho da felicidade foi ensinado por Jesus no Sermão da Montanha". Jerônimo contou que ao ouvir isso, no mesmo instante ele acordou gritando repetidamente: "O Sermão da Montanha". E foi assim que ele encontrou a fórmula da felicidade, no Sermão da Montanha, de onde ele tirou a palestra daquela noite.

— A fórmula da felicidade está no Sermão da Montanha?

— Isso mesmo.

— Como é possível?

— Você está surpreso? Assim como você eu também fiquei. Mais uma vez Jerônimo nos surpreendia com algo jamais imaginado.

— Como pode ser?

— Jerônimo explicou que o Sermão da Montanha, no entender dele, é o único caminho da felicidade. E ele foi explicando assim:

* Bem-aventurados os mansos e pacíficos – é o primeiro andar, o da fraternidade. Aquele que é calmo e pacífico não agride o próximo, respeita o direito dos outros e sabe dos seus deveres.

* Bem-aventurados os puros de coração – é o segundo andar, o da compaixão. Somente quem não carrega impurezas no coração é capaz de se compadecer do próximo.

* Bem-aventurados os misericordiosos – é o terceiro andar, o que fala do desprendimento. Para doar é preciso ter misericórdia por aquele que sofre.

* Bem-aventurados os que têm fome e sede de justiça – este é o quarto andar, o da verdade. Quem procura é porque deseja saber e somente a verdade é justa. E a verdade é repleta de amor.

* Bem-aventurados os que choram – o quinto andar é o do perdão. Como alcançar a paz sem o perdão? Quando perdoamos, a harmonia volta ao coração de todos, e se antes havia choro de ódio, com o perdão haverá o pranto da alegria.

* Bem-aventurados os pacíficos – este é o sexto andar, o da fé. Aquele que tem fé chora sem revolta e sem ódio. A fé o acalma e lhe dá confiança para esperar o amanhã.

* Bem-aventurados os pobres de espírito – o sétimo e

último andar é o da humildade. Pobres de espírito são os humildes, aqueles que reconhecem suas fragilidades e jamais exibem suas virtudes.

— Eis aí, a fórmula da felicidade ensinada por Jesus, e que o Jerônimo nos mostrou de forma magnífica.

— Só poderia vir de Jesus... Quem poderia ensinar isso a não ser ele?

— E essa receita está aí há tanto tempo e o mundo ainda não percebeu...

— Há milhares e milhares de livros com receitas sem resultados. Jerônimo falou que procurou, mas não encontrou algo sintetizado, pronto e definitivo que poderia ser passado ao público. E foi encontrar o que queria onde a gente esquece de procurar, ou seja, nas eternas palavras de luz de Jesus.

— Cristo é o grande esquecido.

— Eu que também procurava essa fórmula, não a procurei no Evangelho de Jesus. Eu não encontraria em lugar algum...

— Encerrando a palestra, Jerônimo falou: Todo mundo quer ser feliz, pois isso é um desejo natural do ser humano. Mas, mesmo desejando ser feliz, por que muitos não conseguem? A gente ouve as pessoas dizerem que dariam tudo que tem para ser feliz, ou que pagariam caro pela felicidade. Que preço vocês pagariam pela felicidade? Pois, pode acreditar, a felicidade não tem preço, ela não custa nada, é de graça. A felicidade não é o destino, e sim o trajeto. Não estamos vivendo para um dia alcançar o final feliz e pronto. É preciso entender que há momentos de prazer e momentos de aprendizado. O prazer não ensina, ou muito pouco ensina, no entanto sem ele a vida se torna insuportável. A dor ou os desafios é que vão nos ensinar, e então, depois de aprender o real sentido da vida é que também o prazer não se transformará em futuro sofrimento. A vida é repleta de ciclos, igual às ondas do mar, elas vão e vêm. Tudo é um ciclo, assim como as crianças pulando corda. Observem que há o momento exato de entrar e sair, caso contrário, a corda vai nos derrubar. Há uma dinâmica entre a subida e a descida. Não se pode ser feliz somente de um jeito. Portanto, é preciso desfrutar não somente o sol, mas também a lua. Aproveitar a calmaria, mas aprender com a tempestade. Sorrir com as vitórias e aceitar as derrotas sem revoltas. Sentir gratidão pela mão que ampara, mas entender e perdoar a que ofende. Não perder a oportunidade de ser feliz em momento algum, pois aprender é tão bom quanto sentir prazer. Os felizes são os que aprendem com as dificuldades e os infelizes são os que se revoltam com elas e se julgam vítimas do destino. Finalmente, a felicidade não é o que as pessoas têm e sim o que elas são. Não é o que carregamos durante a viagem da vida e sim como nos sentimos durante essa viagem. Não é pensar no quanto vai ganhar em cada situação, mas o quanto irá aprender.

Quando João Mineiro silenciou, eu nada conseguia dizer. Tudo era lindo demais e o que eu dissesse quebraria a beleza do que ficara no ar...

— Vovô, eu vou ficar em silêncio...

João Mineiro também ficou em silêncio... Depois de alguns minutos, ele começou a falar com suavidade e pausadamente:

— Bem-aventurados os mansos e pacíficos; bem-aventurados os puros de coração; bem-aventurados os misericordiosos; bem-aventurados os que têm fome e

sede de justiça; bem-aventurados os pacificadores; bem-
-aventurados os que choram e bem-aventurados os pobres
de espírito.

— Essa é a página mais linda de todo o Evangelho de
Jesus. Concorda?

— Sim, pois é a fórmula da felicidade.

17

A despedida

O SOL ENTROU PELOS meus olhos me fazendo acordar, mas sua claridade não chegou até o coração. Eu me encontrava na penumbra da tristeza. E antes mesmo de abrir os olhos meu primeiro pensamento levou-me até João Mineiro. Sim, eu estava triste porque iria partir.

Deixar do que gostamos ou despedir de quem amamos é uma necessidade que nos machuca, que marca nossos frágeis corações. Eu precisava entender que era preciso ir embora, mesmo com os olhos molhados. Eu já perdi muitas vezes e muitas coisas, e hoje, felizmente sei que mesmo na perda podemos ganhar. E também perdi muita gente que amei e que me amou, porém ganhei o exemplo de suas vidas. Mas, era doloroso partir...

Eu sei que para o amor verdadeiro não importa se estamos longe ou perto, o que importa é o quanto amamos essa pessoa. Pois é essa falta que nos alimenta, que nos faz buscar a felicidade. E sabemos que o amor já é o próprio céu aqui na Terra. Mas, a ausência de alguém não se preenche... Ainda somos pequeninos, não é mesmo, caro leitor?

Querendo não levantar, levantei. Eu me assemelhava a uma múmia ambulante, quase sem vida, sem forças para tomar banho, arrumar a mala, ir até João Mineiro e me despedir. O que dizer a ele? Ou o que não dizer?

Aos poucos a água do chuveiro foi me despertando... Quando acabei o banho olhei no espelho a fim de me barbear e parei diante de mim mesmo. Os olhos estavam sem brilho e o semblante carregado. Fiquei assim imóvel, até que alguma coisa aconteceu em meu íntimo, pois sem saber como, comecei a questionar se eu deveria ficar feliz por tudo que havia acontecido ou se deveria me entristecer por ir embora. Imediatamente o sorriso apareceu e agradeci a Jesus pelo presente enviado. Realmente, eu teria que agradecer por toda a minha vida aquele acontecimento inesperado, ou talvez esperado e programado.

Alterado meu íntimo, lembrei-me de Jerônimo Mendonça e agradeci a ele, pois eu já acreditava que ele havia participado de tudo isso. Sim, quem sabe suas mãos generosas haviam me conduzido até ali?

Quem sabe Jerônimo pensou em levar-me até ali para que eu pudesse aprender a fórmula da felicidade e depois colocar em livro para que todos pudessem saber? Certamente ele queria evitar que outros passassem pelo que ele passou, ou seja, procurar sem sucesso em centenas de livros um roteiro, uma fórmula para a felicidade.

Jerônimo havia encontrado no Sermão da Montanha a fórmula da felicidade e desejava que outros soubessem dessa verdade. Dessa forma, eu tinha mesmo que agradecer pelo presente recebido, mesmo sabendo não merecer tão precioso tesouro. Então, procurei sorrir mesmo sabendo que dali a pouco iria me despedir de João Mineiro. Quando nos encontraríamos novamente? Não saberia dizer...

Tomei apenas um café e saí... Não queria comer nada, pois "alguma coisa" apertava meu peito e fechava a garganta. Meus sentimentos estavam em pedaços dentro de mim e queriam sair através dos olhos em forma de lágrimas. Caminhei pelas ruas como se estivesse sozinho. O mundo era eu e meus pensamentos.

De longe avistei João Mineiro. Ele estava lá no mesmo lugar, sentado à porta de sua casa, apoiado em seu cajado. Fui me aproximando devagar, procurando não fazer barulho. Quando estava a poucos metros ele sorriu e se levantou dizendo:

— Meu filho, por que demorou?

Abracei-o forte, como se há muito não o visse. Por alguns momentos ficamos abraçados, depois nos sentamos. Eu consegui dizer:

— Bom-dia, vovô! Eu estava arrumando minha mala, por isso demorei.

— Muito bem. Vamos tomar um cafezinho?

— Que ótimo convite.

Então, João Mineiro chamou Netinho:

— Netinho, traga o café e o pão de queijo para nós, por favor.

— Ora, café com pão de queijo? Vou fazer um "sacrifício" e comer pelo menos cinco, o que acha?

E ele gargalhou gostosamente. Tomamos e comemos, conversando coisas banais do dia a dia. Depois do cafezinho, ele parou e disse:

— No dia seguinte à palestra do Jerônimo, bem cedo,

talvez sete horas da manhã, eu estava aqui mesmo sentado nesse mesmo banco quando ouvi o barulho de um carro que parou aqui, bem pertinho de mim. E para minha surpresa, ouvi Jerônimo dizer bem alto, com aquela voz forte que Deus lhe deu: "João Mineiro, eu não poderia partir sem vir lhe "ver". Preciso do seu abraço carinhoso". Ah, você não imagina minha alegria. Levantei rápido e saí cambaleando, inseguro, mas feliz em direção à Kombi onde ele estava. Os amigos de Jerônimo abriram a porta e me conduziram até ele. Tremendo de emoção, com os olhos marejados, quase não tive voz pra lhe dizer: "Que bom que você veio até aqui para que eu pudesse lhe "ver" também". E demos boas gargalhadas.

— Que bom! E o que mais conversaram?

— Ah! Foram minutos que me pareceram séculos de alegrias. Imagine dois cegos dentro de uma Kombi se achando os dois filhos de Deus mais felizes da Terra.

— A rua ficou toda iluminada por vocês.

— Ah!, se havia luz, certamente era a luz de Jerônimo. Quando a gente estava se despedindo recebemos mais um presente. De repente, eu vi o Dr. Bezerra de Menezes ali, bem pertinho da gente. E sabe o que ele falou?

— Não tenho ideia.

— Ele se aproximou de nós, e abriu os braços como a querer nos abraçar e com os olhos em lágrimas sorria. Depois, olhou bem em meus olhos e disse: "O que vou lhe dizer transmita ao Jerônimo. Quero dizer a vocês dois que não sejam cegos para com a Misericórdia de Cristo. Vocês dois conhecem a fórmula da felicidade. Portanto, sigam-na e seguirão com Jesus".

— Meu Deus, o Dr. Bezerra foi bem objetivo, não é?

— Sim, foi objetivo, mas amoroso também. Então, contei ao Jerônimo e ele disse: "João Mineiro, meu irmão, já fomos "cegos" em outras épocas. Por isso hoje somos cegos de verdade. Mas, vamos prosseguir, com Jesus pelo caminho da felicidade e tenho certeza de que vamos recuperar a visão para nunca mais perdê-la".

— Eu não tenho dúvidas disso.

— E nem eu. Depois de abraçá-lo com emoção e de molhar seu ombro com minhas lágrimas, desci da Kombi e ele se foi. Eu fiquei ali de pé parado por um bom tempo. Acho que fui anestesiado por meus sentimentos que se misturavam sem que eu entendesse o que acontecia ao meu coração. Não saberia dizer se eu chorava de alegria, de tristeza, de emoção ou de dor... Não conseguia entender o turbilhão que ocorria dentro de mim, pois eu queria ir com ele, ou prendê-lo perto de mim. Eu estava feliz por pensar que a vida valia a pena, mas também dizia para mim mesmo que a vida não valia a pena por causa das separações que nos dilaceram a alma. Você me entende, meu filho?

O que eu teria a dizer para ele que ainda chorava a ausência do seu grande amigo Jerônimo Mendonça? Suavemente, ele passou as mãos nos olhos e aguardava minha resposta, que veio entrecortada de compaixão:

— Sim, vovô, eu entendo. O senhor tem razão em chorar... E felizmente, o senhor chora de saudade, chora de emoção.

E por um tempo ficamos em silêncio. Depois, ele se ajeitou no banco, virou-se para o meu lado, ergueu sua mão calejada até meu rosto e acariciou-me, mas notei que tremia, e com a voz embargada pela emoção falou:

— Não diga nada. Deixe-me "ver" você.

Ele começou a roçar suavemente suas mãos em todo o meu rosto. Tirei os óculos, e enquanto suas mãos passeavam em mim ele ia dizendo, conforme sentia através do toque:

— Seu rosto é pequeno... Nariz, boca e lábios suaves... Seus cabelos não são suaves e lisos, mas um pouco crespos...

Quando sua mão tocou em meus olhos eu os fechei, no entanto as lágrimas escorreram pelo rosto. E ele perguntou:

— Por que choras?

— Por muitos motivos... Um deles é que eu queria que me visse.

— Eu estou lhe "vendo", meu filho.

Era para mim impossível conter as lágrimas, pois eu pensava nas razões de ele usar as mãos para "ver", enquanto eu tinha meus olhos perfeitos. Mas, para minha surpresa João Mineiro exclamou suavemente, como se já soubesse tudo sobre seu passado:

— Meu filho, não pergunte as razões das coisas... Confie e saiba usar os recursos que o Pai nos presenteou. Ou pensas ser injustiça Divina que eu viva na escuridão?

— Mas, eu sofro por isso...

— Confesso, eu também já sofri. Mas em tudo há oportunidade de aprender. Foi pela minha cegueira que aprendi a caminhar na escuridão, a sentir o roçar do vento, a ficar atento aos menores ruídos. Aprendi a imaginar as cores e formas das coisas e pessoas, como também aprendi o real valor de nossos sentidos. Eu hoje sei que antes via e não enxergava, pois não tinha "olhos de ver" a beleza da natureza e a perfeição da vida.

Nesse momento, abri os olhos e vi que ele também não

conseguia conter as lágrimas e nem escondê-las atrás dos óculos escuros, pois elas escorriam pelo seu rosto cansado. E ele disse:

— Os olhos ficam mais lindos quando choram de amor porque seu brilho reflete a luz desse belo sentimento que está no coração.

Finalmente, ele pegou uma de minhas mãos e colocou-a entre as suas. Por algum tempo ele roçou as suas na minha, como se estivesse medindo ou "observando" cada detalhe, cada contorno. Depois da "análise", disse:

— Suas mãos são pequenas e estou rogando a Jesus permitir que elas ainda continuem a escrever páginas de amor ao mundo. Que seus livros levem luz, paz, esperança e alegria aos corações.

Eu já não conseguia estancar a emoção. Abracei-o com força e chorei... Aquele homem idoso era mais forte que eu, seu coração tinha mais amor, por isso seus lábios expressavam-se com suavidade. Os seus olhos, embora fechados, "enxergavam" mais que os meus... Eu me sentia pequenino em seus braços e tal qual uma criança pedia proteção ao meu tutor. Querendo "segurar" João Mineiro para mim, extravasei minhas emoções em seu ombro. Depois de alguns momentos, enxugando as lágrimas, eu disse:

— Obrigado por tudo que eu vivi nesses dias.

Depois de passar as mãos pelo rosto, ele falou:

— Não me agradeça, e sim agradeçamos a Jesus. Sim, ele é quem permitiu tudo isso. Vou te contar uma coisa. Você se lembra do sonho que eu tive com minha mãe?

— Sim, o senhor me contou.

— Pois essa noite ela retornou. Ao vê-la novamente a minha emoção extravasou-se, e enquanto eu chorava, ela sorria. Então, ela abraçou-me como em minha infância e deitou minha cabeça em seu colo.

— As mães são sempre assim. Elas afagam o filho em seu colo, e enquanto ele chora a sua dor como se fosse a maior do mundo, ela sorri como alguém que conhece o amanhã e sabe que tudo vai passar. Ela afaga nossos cabelos, enxuga nossas lágrimas e simplesmente nos amam.

— É verdade. Mães são assim mesmo. E entre prantos, eu perguntei a ela por que você teria que partir? Ela ergueu-me do seu colo e olhando-me com aqueles olhos suaves, respondeu:

— Jesus deu a ele muitas estradas para percorrer e muitos lugares para chegar. Ele precisa cumprir o dever de falar em nome de Jesus nesses lugares, por isso ele sempre terá que partir, até o fim...

Surpreendido com a resposta da mamãe de João Mineiro, perguntei:

— Ela falou assim mesmo?

— Falou assim, meu filho. Depois do que ela disse, eu me acalmei e entendi tudo. Sim, você tem que partir. Sempre terás que partir e deixar com saudades os que te amam.

Fiquei em silêncio pensando no que acabara de ouvir. Confesso, era muito para meu pobre e frágil coração. Viajar pelo mundo falando de Cristo é meu ideal, é a razão de minha vida e saber que os Espíritos avalizam confortou-me sobremaneira. Em seguida, ele falou:

— Meu filho, sabe o que mais minha mãe falou?

— O quê?

— Eu insisti em saber de onde eu o conhecia, até que ela contou que há muito, muito tempo eu vagava pelo mundo junto com algumas pessoas e formávamos um bando de assaltantes. Era um andarilho e certo dia, depois de uma batalha em pequena aldeia, eu o encontrei perdido, pois seus pais haviam morrido. Adotei-o querendo fazer de você apenas um serviçal, mas com o tempo me afeiçoei a você a ponto de desejar ser seu verdadeiro pai. Minha mãe contou que nos separamos naquela época e desde então e até hoje, em meu subconsciente eu o procurava. Por isso, ao "vê-lo", embora não o tenha visto, meu sentimento veio à tona e minha afeição me prendeu a você. Eu disse à minha mãe que não queria perdê-lo, agora que o reencontrei, mas ela disse que ainda não é hora, pois é necessário merecer para ter.

Nessa hora eu busquei o ar que não tinha dentro de mim, e sufocado de emoção suspirava em todo momento. O que dizer? Como dizer? Em seguida, ele pegou algo no bolso da camisa e entregou-me, dizendo:

— Isso é um presente pra você.

Peguei e vi que era de plástico, mas havia algo ali dentro, uma pequena sementinha. Por ser transparente era fácil ver a sementinha. Não sabia do que se tratava e ele explicou:

— Essa é a semente de mostarda. Eu estou lhe dando de presente e peço que a leve com você, em sua carteira. E onde estiver, olhe para essa sementinha e pense nas palavras de Cristo: "Se tiveres fé do tamanho de uma semente de mostarda serás capaz de transportar montanhas".

— O senhor sempre carregou essa sementinha?

— Sim. Certo dia um orador esteve aqui e falou da fé e ao final da palestra ele distribuiu sementes de mostarda aos presentes. No outro dia mandei plastificar e guardei comigo. Agora dou a você para se lembrar desse dia e do nosso reencontro. Eu a trouxe comigo por longos anos para que eu me lembrasse das palavras sublimes de Jesus, para me ajudar a ter fé a fim de vencer a mim mesmo.

— Obrigado. Eu farei o mesmo guardando-a e levando-a comigo por toda a minha vida.

— Eu ainda quero dizer algumas coisinhas pra você. Em suas palestras, diga que a vida sem Jesus Cristo, nosso mestre, não há nenhum sentido. Diga que ele foi, é e será nosso exemplo de amor e o amor é a soma de todas as virtudes em seu mais alto grau. Vou deixar esses conselhos a você:

• Em sua caminhada pela vida, observe as pequenas coisas, pois lá no final você verá que elas é que eram as mais importantes.

• Observe os detalhes de tudo, pois são eles que muitas vezes são motivos de êxito ou fracasso.

• Não viva com a mente e o coração no passado, porque assim você perderá a beleza de viver o hoje.

• Saiba ouvir as pessoas, pois assim aprenderás o que não sabes.

• De todas as atitudes humanas, preocupar-se é a menos produtiva, pois a maior parte do que tememos nunca acontecem.

• Por fim, saiba que a mágoa é mais pesada que o mal que lhe fizerem, portanto carregá-la é sofrer muito mais.

Ele calou-se e ficou aguardando minha reação. Eu nada tinha a dizer, por isso, com os olhos úmidos me levantei e, imediatamente ele também se levantou. Abracei-o mais uma vez e disse:

— Adeus, vovô. Fica em paz.

— Por que passou tão depressa?

A FÓRMULA DA FELICIDADE — 163

— E foi tudo tão bom...

Depois de mais um abraço, beijei-lhe o rosto, fui saindo e lhe disse:

— Eu vou voltar... Pode esperar vovô, pois voltarei.

Acenando com a mão, ele ainda pediu:

— Eu posso pedir-lhe um último favor?

— Pode.

Ele pensou por uns momentos e depois disse:

— Desculpe se lhe peço, mas gostaria que me chamasse de pai.

Ao ouvir esse pedido meu coração disparou. Meu Deus, eu pensei, como isso está acontecendo comigo? Eu não mereço tanto carinho... Não suportei atender o seu pedido à distância, por isso voltei e o abracei com todo o meu amor. E rente ao seu ouvido, eu lhe disse:

— Fica com Deus, meu pai.

Beijei-lhe novamente o rosto e o deixei chorando.

Comecei a andar de volta para a pensão, mas sempre olhando para trás, e até virar a esquina ainda o via de pé a acenar-me com a mão. Enquanto eu me afastava, ele dizia:

— Vai com Deus, meu filho.

E eu respondia:

— Fica com Deus, meu pai.

Ele pegava o lenço branco e enxugava o rosto molhado... Virei na esquina, e andei apressado até a pensão. Peguei minhas malas, e vi que estava tudo arrumado. Mas, o que eu precisava mesmo era juntar os pedaços do meu coração que se espalhavam à minha volta.

Adentrei o carro e fui embora... Eu estava saindo, e ao mesmo tempo ficando, não me entendia direito... Em verdade, eu me sentia inconformado, sei lá... Lembrei-me do que ele havia dito sobre sua despedida de Jerônimo e entendi o que ele havia sentido. Sim, era um misto de alegria e dor, de êxito e fracasso...

E mais uma vez havia entendido que sou pequeno demais para suportar as separações daqueles que amo. Já havia ocorrido outras vezes e em todas elas eu me via muito, muito pequeno... Sim, pois as grandes almas amam e não esperam nada de volta, enquanto eu... Eu me vi como eu sou mesmo, capaz de amar, mas ainda querendo ser amado, desejando ficar perto, usufruir do prazer da presença amada e querer segurar o tempo...

João Mineiro havia ficado ou seguia comigo? Só sei que eu seguia rumo à saudade... Uma grande saudade de alguém que eu jamais voltaria a ver...

18

Corações partidos

EU SEGUIA MUITO TRISTE pela estrada sem fim... Parece que eu deixava um pouco de mim enquanto o carro vencia distâncias. O peito estava apertado e o coração querendo pular para fora. Eu acelerava cada vez mais como querendo fugir de mim, ou da dor.

Eu sempre viajo ouvindo músicas e uma delas dizia: *Amigo é coisa pra se guardar do lado esquerdo do peito, dentro do coração. Assim falava a canção que na América ouvi, e quem cantava chorou ao ver seu amigo partir...*

É verdade, a vida prega surpresas na gente. De vez em quando pega a gente numa curva, ou acontece algo inesperado como uma chuva de verão. E quase sempre estamos despreparados para reagir e equilibrar as emoções que saem em lágrimas pelos olhos, ou pela pele em forma de arrepios e até mesmo pelos batimentos descompassados do coração.

Eu estava me sentindo como um pássaro fora do ninho,

perdido e sem forças para recomeçar o voo e encontrar seu destino. Os sentimentos faziam muito barulho no meu peito e os pensamentos voavam sem controle, pois eu fazia mil perguntas a mim mesmo, ao destino, a Deus.

Já cansado de consumir estrada, à tarde parei em uma cidade e me hospedei em um hotel para passar a noite. O corpo pedia descanso e a alma estava frágil e carente. Adentrei o quarto e fui logo tomar um banho. Em seguida, exausto me joguei na cama e acho que adormeci imediatamente.

Lembro-me que sonhei com minha mãezinha. Eu estava deitado e ela chegou suavemente ao meu lado e afagou meus cabelos. O seu lindo sorriso me dizia para me acalmar, então deitei minha cabeça cansada em seu colo e ela ficou acariciando meus cabelos como fazia quando era criança. Eu pedi a ela pra não me deixar nunca mais, pois quando ela chegava toda tristeza ia embora, no entanto ela sorria serenamente, como a querer transferir para meu coração a sua confiança no Pai. Então, ela passou suas mãos em meus olhos e fez com que eu os fechasse, e em seguida disse: "meu filho, use a imaginação e venha comigo".

Assombrado eu me vi ao seu lado, caminhando por uma estrada repleta de flores de todas as cores. Jamais havia visto um lugar tão lindo em toda a minha vida. De mãos dadas com minha mãezinha, eu seguia como uma criança em plena felicidade, para quem bastava a presença da pessoa amada e da beleza da paisagem diante dos olhos.

Naquele momento sublime, parece que o mundo era eu e ela. Então, começamos a subir um pequeno monte em suave elevação. Quando atingimos quase o topo, ela virou-se

A FÓRMULA DA FELICIDADE — 167

e mostrou a paisagem lá embaixo. Ao olhar ao longe, fiquei deslumbrado diante de tão belo quadro. Jamais pensei haver tanta beleza no Mundo Espiritual, e a imagem do que minha alma sentia repercutia em meus olhos fazendo com que as lágrimas fossem como um rio querendo desaguar no mar.

Lá embaixo e por todos os lugares onde eu olhava havia vida em plenitude, radiante e bela. Pássaros com cores e cantos maravilhosos, animais dóceis junto de crianças que brincavam e adultos que estampavam a felicidade em suas faces. Parece que eram diáfanas, com gestos suaves e leveza no ser. As flores e árvores formavam um conjunto de rara harmonia. Olhei para mamãe que sorria serenamente, sem se mostrar surpresa, então imaginei que aquele era o seu lugar, um lugar de quem já havia conquistado a paz íntima.

Em seguida, ela puxou-me pela mão e me conduziu até o topo do monte. Ao chegar lá em cima ela apontou o outro lado da montanha. Ao olhar o quadro os meus sentimentos se misturaram e eu já não sabia o que sentia. Antes eu chorei pela beleza e felicidade que havia percebido, e agora eu estava em prantos por ver o oposto de tudo. Multidões em gritos, pessoas se arrastando pelo chão de pedras, estéril, com árvores secas e retorcidas. Um escuro quase que total permitia se ver vultos de todas as formas, além do cheiro desagradável no ar.

Novamente busquei o olhar de mamãe, mas nesse momento percebi que os seus negros olhos também choravam... Com a voz angustiada e embargada pelo pranto, consegui perguntar por que daquilo tudo?

Mamãe enxugou o pranto e disse: "Meu filho querido,

Jesus subiu a um monte para deixar o mais lindo poema de amor à Humanidade, o Sermão da Montanha. Deste lado da montanha está todo aquele que tem no coração a sua mensagem sublime e do outro lado permanecem aqueles que ainda não atenderam ao seu chamado. Vá, meu filho, pelas estradas que Jesus lhe permitiu seguir. Leve ao mundo o Evangelho e eu estarei com você e nós com ele. Fale aos corações aflitos que a felicidade existe e que é possível encontrá-la. Um dia, esteja certo, aqui retornaremos e só então veremos que o nosso trabalho não foi em vão".

Sem conseguir conter meu pranto e me sentindo ainda frágil, abracei minha mãezinha como a dizer-lhe que eu era muito pequenininho e precisava de sua mão a me conduzir e de seu olhar confiante e sereno. Ela afagou-me em silêncio e assim ficamos por um tempo. Fechei os olhos e chorei minha fragilidade.

Então, mamãe olhou em meus olhos e entre lágrimas de ambos ela disse: "eu te amo e seguirei seus passos por onde fores. Ajudemos Jesus Cristo a semear as sementes da felicidade".

Com meu rosto entre suas mãos eu consegui dizer que sim, e fechei os olhos novamente. Quando abri, acordei no quarto do hotel. Meu rosto estava molhado pelas lágrimas e ainda sentia o calor das suaves mãos de minha mãezinha querida.

Levantei-me e fui até a janela que permitia ver a rua em movimento. As pessoas passavam lá embaixo seguindo seus destinos, naquele vai e vem interminável. Cada qual, refém de si mesmo, como a viver sem vida. Mais ao longe, um parque onde alguns permaneciam solitários, talvez pensando no que viveram ou deixaram de viver.

A FÓRMULA DA FELICIDADE — 169

Então, concluí que Jesus ainda haveria de trabalhar muito por nós e que os seus mensageiros por muito tempo ficariam a velar pela Humanidade inteira, como a inspirar-nos a fim de atendermos ao chamado do Sermão da Montanha, o mais sublime convite à felicidade.

Peguei o Evangelho em minha mala e procurei a página do Sermão da Montanha, que diz:

> Vendo aquelas multidões, Jesus subiu à montanha, sentou-se e seus discípulos aproximaram-se dele. Então, abriu a boca e lhes ensinava, dizendo:
>
> Bem-aventurados os pobres de espírito, porque deles é o reino dos céus.
>
> Bem-aventurados os que choram, porque serão consolados.
>
> Bem-aventurados os mansos, porque possuirão a Terra.
>
> Bem-aventurados os que têm fome e sede de justiça, porque serão saciados.
>
> Bem-aventurados os misericordiosos, porque alcançarão misericórdia.
>
> Bem-aventurados os puros de coração, porque verão a Deus.
>
> Bem-aventurados os pacificadores, porque serão chamados filhos de Deus.
>
> Bem-aventurados os que sofrem perseguição por causa da justiça, porque deles é o reino dos céus.
>
> Bem-aventurados sereis quando vos caluniarem, quando vos perseguirem e disserem falsamente todo o mal contra vós por causa de mim. Alegrai-vos e exultai, porque será grande a vossa recompensa nos céus, pois assim perseguiram os profetas que vieram antes de vós.

Terminei a leitura e adormeci pesadamente. De nada mais me lembro dessa noite e no outro dia logo cedo prossegui minha viagem de volta. Por muitas horas ainda viajei, até que avistei minha cidade.

Porém, uma outra surpresa ainda aconteceria. Ao contornar o trevo para entrar na cidade, tive uma visão... Eu que nunca vi nada do Mundo Espiritual, assustei-me diante do inusitado. Será que estava "vendo" mesmo?

Estacionei o carro para observar melhor minha "visão", mas não saí de dentro do carro. Para minha surpresa, percebi João Mineiro e Jerônimo Mendonça abraçados, cada qual com o braço no ombro do outro. Ambos sorriam alegremente. Ao lado de ambos, uma cama com um lençol muito branco, e sobre a cama a bengala de João Mineiro. Ali estava a cama e a bengala. E como se estivessem olhando para mim, ambos tiraram os óculos escuros que lhes cobriam o rosto e os jogaram para o alto, pois já não precisavam mais deles.

Eles sorriam e acenavam para mim. Saí do carro e fui caminhando para me aproximar, mas eles foram sumindo, sumindo até desaparecerem. Mas, antes que sumissem totalmente, ouvi quando Jerônimo disse:

— Meu filho, já não precisamos daquele corpo que foi abençoado "rascunho". E a cama, a bengala e os óculos ficaram no mundo. Estamos juntos no infinito, agora usando o corpo original.

Assombrado diante disso, voltei para o carro e fiquei ali por alguns momentos. Depois, segui até chegar em casa. Quando entrei, o telefone tocou. Atendi e era o Netinho que disse:

— Meu querido amigo, estou ligando para avisar que o

vovô João Mineiro partiu hoje pela manhã. Já enterramos seu corpo.

Apenas consegui dizer:

— Obrigado, Netinho. Fique com Jesus, sempre.

Biografia de Jerônimo Mendonça

JERÔNIMO MENDONÇA RIBEIRO nasceu em Ituiutaba, rincão mineiro, no dia 1º de novembro de 1939. Penúltimo dos nove filhos do humilde casal Altino Mendonça (desencarnado) e Antônia Cândida de Jesus. Cursou apenas até o 3º ano primário, muito embora mostrasse invulgar cultura e penetração espiritual, sempre que chamado a alguma posição relevante. Foi membro da respeitável Igreja Presbiteriana do Brasil até os quinze anos, quando então se encontrou com a Doutrina dos Espíritos. Jerônimo sempre deu mostras de profunda religiosidade, vazada de entranhado amor ao próximo. Aos dezessete anos, gozava de invejável saúde física, chegando mesmo ao exercício do futebol, onde se revelou bom jogador, dada sua notável agilidade e altura. No entanto, empolgado pelas emoções da sadia e honesta adolescência, Jerônimo viu-se de repente abordado pelo tacão indiferente da dor que, não lhe respeitando o viço dos dezoito anos e tampouco as explosões juvenis,

174 — JAMIRO DOS SANTOS FILHO

não trepidou em desferir-lhe o golpe cruel, registrando a cicatriz de uma dolorosa artrite reumatoide, que escapou a toda e qualquer atividade médica.

Aos dezenove anos, marcado pelas primeiras expressões da dor, que se avolumariam mais tarde, foi constrangido a sacrificar os horizontes de um campo de futebol pelos limites de um par de muletas. Era comum encontrá-lo contemplativo nos estertores do ocaso, a buscar alhures, além do sol, da lua, dos astros, aquela força que forjaria no jovem adolescente o caráter de um ancião experiente, treinado pelo sofrimento. Sim, pois à medida que a dor sulcava os seus membros físicos, atrofiando-lhe os superiores e inferiores, com o consequente cerrar dos olhos, que se apagaram para sempre, qual vaga-lumes devorados por famulento predador, ele ampliava a visão interior, buscando ver, além das aparências humanas, a realidade indiscutível de uma justiça que por todos vela, indiferente ao brasão social. Guiado por esta visão, não mediu esforços, trabalhando na construção de um centro espírita, na cidade de Ituiutaba, no ano de 1970, que levou o sugestivo nome de Seareiros de Jesus. Um ano depois, ergueu uma gráfica espírita, que atualmente desempenha importante papel dentro das atividades de divulgação de mensagens escritas. Nove anos mais tarde, sensibilizado pela necessidade de orientação evangélica de uma comunidade rural, fundou, na localidade que ora leva o nome de Córrego da Canoa, um outro centro, o Centro Espírita Manoel Augusto da Silva, em homenagem a um estremecido amigo.

Posteriormente gravou dois discos, *Intimidade espírita* e *Obrigado Senhor*, objetivando levar ao coração cansado e atribulado do povo uma mensagem de esperança e paz.

Escreveu os livros *Crepúsculo de um coração, De mãos dadas com Jesus*, este de parceria com o amigo David Palis Júnior e *Nas pegadas de um anjo*, onde Jerônimo traiu a sua extraordinária capacidade de pensador romântico, dentro das expressões eminentemente cristãs.

(...)

Mesmo numa cama ortopédica, depois de perder o movimento das pernas, dos braços e a visão, Jerônimo Mendonça, aquele rapazinho animado de Ituiutaba, fundou dois centros espíritas, uma gráfica, escreveu cinco livros, gravou dois LPs e em 1983, fundou o *Lar Espírita Pouso do Amanhecer*, atendendo diariamente, desde então, duzentas crianças carentes.

Concomitantemente, Jerônimo proferia palestras por todo o Brasil carregado em sua cama, na qual permaneceu por trinta anos até o seu desencarne em novembro de 1989.

Mensagem de Jerônimo Mendonça Ribeiro

> Muito obrigado, Senhor, pela beleza e
> esplendor do sol; pelo poema das flores;
> pela sinfonia dos pássaros; pelo alegre
> sorriso das crianças; pela experiência do
> ancião; pelo vigor do jovem!
> Muito obrigado, Senhor, porque
> posso ver, ouvir, andar, falar e cantar!
> Muito obrigado, Senhor, pelo lar que me
> abriga; pela escola que me instrui; pelo
> trabalho honrado de cada dia; pela dor
> que me educa; pelo amor que me alimenta
> a alma; pela esperança de um amanhã,

melhor; pela solidão que me ensina a Te
procurar no próximo e pelas imperfeições
que ainda trago comigo.
Senhor, ensina-me
a ter paciência sem jamais me
acomodar com as sugestões do desânimo
e com a mentira do cansaço e muito
obrigado pela eternidade da vida e pela
certeza de que um dia estarei mais perto
do Teu coração para mais amar e viver.

Luiz Sergio Gomes Vasconcellos

Transcrição parcial do site www.grupo.cairbar.nom.br